Hermann Bezzel

Das Heil von Golgatha

Passionsandachten

Mit einem Nachwort von
Heinrich Kemner:
Das Zeugnis der Bibel nach Bezzel

R. BROCKHAUS

R. Brockhaus Taschenbuch Bd. 442

Umschlaggestaltung: Carsten Buschke, Solingen
Umschlagmotiv: Ulrich Heneka, Göttingen
Gesamtherstellung: Breklumer Druckerei Manfred Siegel KG
ISBN 3-417-20442-9

INHALT

I. Das Heil von Golgatha

»Vater, vergib ihnen, denn sie wissen nicht, was sie tun!«

Nun ist die Passionszeit mit dem stillen Ernst für alle, die Heimweh haben, wieder heraufgekommen, und die Gemeinde Jesu rüstet sich, Ihm das Kreuz nachzutragen, der es für sie erbarmungsvoll getragen hat. Es ist ihr eine Flucht aus dem Lärm des Tages und eine Rettung aus der Angst der Nacht, daß sie unter allem, was vergeht, und über allem, was versinkt, einen Ort hat, an dem sie ausruhen und wo sie ewiges Verständnis finden kann. »Wenn das Kreuz nicht mein Trost wäre, so würde ich vergehen in meinem Elend.«

Der Herr Jesus aber, den wir anbetend in Sein Leiden begleiten, schaut von der Fremde, die Ihm nie Heimat geworden ist, in die Heimat hinüber, die Ihm nie fremd ward; und von der Schmach, mit der sie Ihn schmähten, aus der Angst, mit der sie Ihn beluden, aus der bitteren Gefolgschaft der Übeltäter bricht Er hindurch und spricht: »Vater, vergib ihnen, denn sie wissen nicht, was sie tun!«

»Vater!«

So lautet Sein erstes und so Sein letztes Wort. Wer kann Ihn scheiden von der Liebe Gottes? Trübsal, Angst, Verfolgung, Hunger, Blöße, Gefahr, Schwert – nachdem Er uns ein für alle Male zugesichert hat: »Ich und der Vater sind eins!« (Joh. 10,30)? Wer mag Ihn aus Seines Vaters Hand reißen, nachdem Er gesprochen hat: »Niemand kennt den Vater als nur der Sohn!« (Matth. 11,27)? Aus der Tiefe, die der Vater über Ihn sandte, aus der Not, die der Vater auf Ihn warf, reißt Er Sein Herz empor. Ein Bekenntnis soll die Welt wissen, ehe Sein Mund im Tode sich schließt; und eine Gewißheit will Er sich selbst geben, ehe die Gedanken im Tode entweichen: »Vater! Ich und Du; Vater, die Stunde ist hier, daß Du Deinen Sohn verklärst!« (Joh. 17,1) Mitten in der Angst der Heimatlosigkeit und in dem Schrecken der Ungeborgenheit und in der Sorge, es möchte unser Leben einst ohne letzte Zuflucht in dem großen, weiten Meer der Ewigkeit versinken, tröstet uns das Wort: »Vater!« Er hat es gesprochen aus sich und hat es verkündet für uns.

Welch ein Anliegen trägt Er in dieser Stunde dem Vater vor? »Nimm den Kelch von mir!«? – »Löse meine Kreuzesbande!«? – »Mache mich frei von meinen Feinden!«? – Nein, Er denkt nicht an sich, der treue Hirte denkt an Seine Schafe.

Oder spricht Er in leicht erklärlichem Schmerz: »Vater, sieh mein Leiden an, und vergilt denen, die es mir erregten!«? Klagt Er dem Vater, was die Stunde jetzt bringt: Hohn zu Füßen des Kreuzes, Spott zu Häupten, ringsum Hohngelächter, Verlassenheit, Einsamkeit?

Von alledem nichts, sondern:

»Vater, vergib ihnen!«

Seht, mit diesem Worte tritt der Herr Jesus in die wunderbare Fülle Seines hohenpriesterlichen Amtes ein. Er nimmt jetzt alle, die Ihm Zeit Seines Lebens weh getan haben, alle, die Zeit ihres Lebens Seinen Vater verlassen haben; alle auch, die Seinen Heiligen Geist betrübt haben, daß Er ihnen feind wurde und wider sie stritt – alle nimmt Er an Seine erbarmende Hand und spricht: »Denen vergib!«

Es ist, als ob Sein priesterliches Auge eine Seele suche, die sich nicht an Ihm versündigt hätte; als ob Sein Ohr ein Bekenntnis erlauschen wollte, das ganz betont Ihm und Seiner Ehre allein gehöre. Da sich aber in aller Welt kein Sündenreiner findet und unter allen Bekenntnissen auf Erden kein wahrhaft echtes ertönt, ist Er's auch zufrieden und nimmt die Gemeinde der Abtrünnigen und die Schar der Treulosen auf Sein hohepriesterliches Herz, in Seine fürbittenden Arme: »Vater, vergib ihnen!« Für wen betet Er?

Für die Kriegsknechte zuerst, die Ihn gekreuzigt haben, als wäre Er ein Missetäter. Sie haben Ihn hinaus nach Golgatha gezerrt und haben Sein heiliges Antlitz nicht geachtet;

sie haben gesehen, wie Er unter dem Kreuz zusammenbrach, und Seiner nicht geschont. Und neben den Kriegsknechten steht Pilatus, der da unschuldiges Blut verurteilte, und Herodes, der samt seinem Hofgesinde den Herrn, der Ihm kein Wunderzeichen tat, verspottete, und die Schriftgelehrten und Pharisäer, die den Freund des Volkes, den Lehrer ihrer Schüler und Kinder dem Tode preisgaben; und hinter ihnen das ganze Volk, eine Welt im kleinen, die sich um das Kreuz scharte.

Zu der Welt gehörst du und gehöre ich. »Ja«, spricht Er, »du hast mir Mühe gemacht mit deinen Sünden und hast mir Arbeit gemacht mit deiner Missetat!« (Jes. 43,24) Und nun umfaßt uns alle die Sünde der Untreue und umschlingt uns alle die Größe des Abfalls – und über uns betet Er:

»Vater, vergib ihnen!«

Er geht ein in das Allerheiligste, wo des Vaters Liebe mit des Vaters Zorn streitet. Uns wendet Jesus die Liebe zu und sich den Zorn; uns holt Er die Gnade und sich das Gericht. Strafe muß sein, denn höher als Menschenheil steht Gottes Ehre. Gott muß zu dem Recht, das Seine verletzte Majestät beanspruchen muß, gelangen. Aber der Sohn erbietet sich, die Schuld zu bezahlen, und schickt sich an, den Zorn zu büßen, und ist bereit, des Todes Schmach zu dulden: »Suche mich, und laß diese gehen! Vater, mir erlasse nichts, doch jenen alles! Vater, mir schenke nichts, und jenen Deine Huld! Vater, mir den Fluch, den Segen ihnen! Mir die Last, dem Volke die Freiheit; mir den Tod, damit sie Leben hätten! – Vater, vergib ihnen!« In dieses Gebet wollen wir, Geliebte, am Eingang der Passionszeit mit aller Sünde in Gedanken, Worten und Werken flüchten: Ich habe nichts aufzuweisen als den Schein der Treue, hinter dem sich die Untreue verbirgt, ich habe nichts aufzusagen als meine Schuld, die sich unter dem Mantel eines vielleicht strengen Lebens versteckt. Aber weil Du Gnade und viel Vergebung in Dir hast: »Vater, vergib um des Gebetes Deines Sohnes willen!«

Wohin wollt ihr fliehen, ihr vom Hause Gottes, ihr reich Gesegneten – und schlecht Vergeltenden? Ihr Hochbegnadeten – und des Dankes übel Gedenkenden: Wohin wollt ihr gehen, wenn hinter euch die Sünde spottet, daß sie über euch Herr sei, und vor euch der Tod lauernd steht, daß er euch fortreiße? Zu wem wollt ihr flüchten, wenn der Abfall an euch heranreicht: »Stirb und laß sterben!«?

»Allein zu dir, Herr Jesu Christ,
mein Hoffnung steht auf Erden;
ich weiß, daß du der Tröster bist,
kein Trost mag mir sonst werden!«

»Vater, vergib ihnen!« – Was Er einmal am Kreuz als Seines Lebens Absicht ausgesprochen hat, das verliert Er nimmer aus dem Sinn, und das erstirbt nicht mehr in Seinem Munde.

Und zu dieser Stunde, da einer, der die Not der Zeit kennt, keine Rettung mehr weiß für sich und seine Kirche, erinnert er sich an die Fürbitte des zur Majestät erhöhten hohepriesterlichen Freundes, an die Treue seines geliebten Herrn, und rettet sich mit denen, die ihm befohlen sind, in diese Fürbitte. Die wird es recht machen.

»Ich will dir alles bezahlen.«

Und wenn Er eine Sünde, die durch dein Leben dir nachging, weil sie nie ernstlich von dir bekämpft wurde, besonders schwer nimmt und ein Unrecht, das, allmählich durch Gewohnheit »geheiligt«, zum Recht bei dir wurde, besonders auf Seine Seele fallen sieht; wenn Er jetzt ein ganz anderes Bild von dir und mir hat, als auch die schärfste Kritik von uns je zeichnen könnte – solltest du noch Hoffnung hegen? Doch! »Vater, vergib ihnen!« – nicht nur diese Schuld und jene Fehler, diese Sünde und jenes Gebrechen, diese Gewohnheit und jenen Mangel – »Vater, vergib ihnen *alles*, was sie wider dich und mich sündigen; denn ich will dir alles bezahlen!« Er weiß wohl, was Er tun will, wir wissen es nicht; Er weiß, was Er vorhat, wir gehen in der Irre. Ein Knecht weiß nicht, was sein Herr will; aber der Herr weiß, was Sein Knecht soll – und nicht kann.

»Vater, vergib ihnen, denn sie wissen nicht, was sie tun!«

Das ist der Ertrag meines Lebens: Arbeit, Mühe, Vorsätze, Gelübde – und am Ende das Urteil: »Er weiß nicht, was er tut.« So habe ich mich gemüht und gesorgt, geängstet und angestrengt, und es ist alles nichts Rechtes gewesen.

Wüßte der Mensch, was er tut, wieviel würde er lassen! Wüßte er, wohin dieser und jener Gedanke reicht, er würde ihm wehren! Wenn er den Ausgang eines unbedacht gesprochenen Wortes kennt, so würde er es mit allem Ernst unterlassen – aber er weiß es ja nicht! Wenn er bemessen könnte, wie mit einem einzigen unrechten Wort sein Freund zutiefst gekränkt wird, und er auszählen könnte, wieviel Weh er ihm bereitet, so würde er es wohl zu lassen suchen – aber er weiß es ja nicht. Er beginnt mit Gelübden, und in der Minute, in der er sie ausspricht, meint er es treu; und ehe die Minute zur Stunde sich rundet, ist das Gelübde vergessen. Er weiß nicht, was er tut. Er verspricht verheißende Worte, alles Gutes einem Bruder, den er kränkte, ein neues Leben den Mitarbeitern, die unter und neben ihm seufzen; und ehe die Woche hinabgeht, ist's in dem Menschen ärger als zuvor – er weiß nicht, was er tut.

Und diese Unwissenheit treibt dem Heiland die Dornen und die Nägel ins Fleisch; diese Saumseligkeit und Nachlässigkeit belastet ihn mit tausend Weh und Seufzern. Und über all dem oft erfahrenen Undank unseres Lebens, über all der zahllos erlittenen Untreue unserer Gelöbnisse spricht Er in ungeminderter Erbarmung: »Sie wissen nicht, was sie tun.«

»Liebe Brüder«, sagt Petrus, »ich weiß, ihr habt es aus Unwissenheit getan.« Und Paulus, der Mann, der sein Leben so ernst nimmt, sagt: »Ich habe es aus Unwissenheit getan, als ich ein Verfolger und ein Lästerer und ein Schmäher war«

(Apg. 3,17). Und wieder sagt er: »Wenn sie Jesum erkannt hätten, hätten sie den Herrn der Herrlichkeit nicht gekreuzigt« (1. Kor. 2,8).

Glaubt ihr nicht, daß, wenn der Heiland jetzt durch die Massenversammlungen unserer Stadt schreitet – in denen sie viel Mühe und Fleiß daran wenden, um Sein Bild in ein Nichts aufzulösen -, Er sagen wird: »Sie wissen nicht, was sie tun«? Meint ihr nicht, wenn Er auf die Kirchengänger sieht, die allsonntäglich die Kirchen füllen und ebenso arm heimkehren, als sie kamen, daß Er spricht: »Sie wissen nicht, was sie tun«? Und wenn Er an Buchläden vorbeigeht, in denen so viel Streitschriften gegen Ihn und Sein Kreuz, Seine Majestät und Herrlichkeit ausliegen, und halbwüchsige Burschen lesen mit Begier diese Werke, die ihnen das Liebste zerstören, und unsere Mädchenwelt macht sich los von ihrem besten Freunde – hat Er immer noch eine Entschuldigung. Wo wir von Feuer reden und Untergang weissagen, spricht Er: »Sie wissen nicht, was sie tun.« Und wer in dieser Stunde, da es die ewigen Güter gilt, nicht die geringe Mühe aufwendet, um für ein ewiges Gut zu wetten und zu wagen, auch für den hat der Herr noch eine Entschuldigung des tiefblickenden Arztes: Es ist nicht alles Feindschaft, was Gedankenlosigkeit ist: »Sie wissen nicht, was sie tun!«

Ich will mich nicht weigern, dies Urteil von dem Herrn entgegenzunehmen. Es ist ja das Urteil dessen, der sich nicht sagen zu lassen braucht, was im Menschen ist, sondern der sie alle kennt (Joh. 2,24). Ich will gerne tragen, was an demütigendem Ernst in diesen Worten liegt. Wenn ich nur weiß, daß sie mich einst retten; und daß, wenn mich die tausend verlorenen Tage einst verklagen und ich das Hohnlachen meines erbittertsten Feindes vernehme, Jesus, mein Erbarmer für mich zeugt: »Er hat nicht gewußt, was er tat; denn im tiefsten Grunde hat er doch Mich gewollt.«

Der von dem Verleugner sich die Liebe gestehen und von dem wankelmütigen Apostel sich die Treue geloben ließ, weiß, daß wir oft nicht wissen, was wir tun, aber auch nicht wollen, was wir wissen. Er weiß, daß im tiefsten Grunde hinter aller Sünde und hinter dem Abfall unseres Volkes doch noch das Verlangen ruht: »Ach, daß das Bestrittene doch wahr und das Geleugnete doch wirklich wäre!«

Zwei Fragen laßt mich noch stellen.

Die eine Frage, von der ich wünsche, daß sie euch allen zu Herzen gehe, lautet: Gibt es Menschen, für die Jesus nimmer betet?

»Und ich habe sie alle bewahrt und habe deren keinen verloren, außer den Sohn des Verderbens« (Joh. 17,12); für den betet Er nicht mehr. In dieser Scheidestunde hat der Heiland für Verleugner und Spötter, für Verfolger und Missetäter, für Feinde und Ungetreue gebetet; aber für den, der Ihn verriet, obwohl er Ihn kannte, betete Er nicht.

Wenn es bei dir oder bei mir so wäre, mein Christ, daß Jesus das Gebet aufgegeben hätte; wenn mir in dieser Stunde glaubhafte Nachricht würde: Heute hat Er zum letztenmal für dich gebetet, und morgen wirst du aus Seinem Gedächtnis gelassen – ach, meine Lieben, der Gedanke, von Jesus nicht mehr in der Fürbitte erwähnt zu werden, ist entweder der Vater des wilden Trotzes oder der stummen Verzweiflung. – Für wen betet Er nicht mehr? Für den Knecht, der des Herrn Willen weiß, und hat sich nicht bereitet, auch nicht getan, was sein Herr will? Für den Menschen, der auf tausend Gnaden mit einem Lächeln: »Ich begehre der keine!« antwortet? Für die Seele, die da weiß, daß sie unschuldig Blut verrät, und nicht bereit ist, es Ihm beichtend zu gestehen? Für den, der in seiner erkannten Sünde verharrt?

Und hier die zweite Frage: »Vater, vergib ihnen!« Dies alles hast Du mir erlassen, ohne daß ich Dich bat. Und dies alles hast Du mir verziehen, ohne daß ich es begehrte. Und ich – ich schwelge in den hundert Groschen, die mir mein Bruder schuldet, und wühle wie ein reicher Mann in den Erinnerungen meines verletzten Seins.

Kannst du vergeben? Willst du vergeben? Oder weigerst du dich, das zu vergessen, was dir widerfuhr? Rechnest du noch, während Er dir zehntausend Pfund ohne Aufhebens erläßt? Trägst du nach, während Er deine Sünde fortträgt?

Es ist Passionszeit! Nimm dir jeden Tag eine ruhige Stunde, eine ruhige Minute – ich denke, zu diesem Behufe genügt eine Minute – und überlege dir, welchem Menschen du zürnst, und hebe an, aus tiefstem Herzensgrunde zu beten: »Lehre mich verzeihen, vergeben, vergessen! Du hast mir so viel geschenkt, und ich schenke so wenig. Du hast mich so reich gemacht, und ich lasse arm. Vater, um Jesu Christi willen, der meine Schuld hinweggenommen hat, laß mich meinen Schuldigern vergeben!«

Das ist die erste Rede, die der hochgelobte Herr vom Kreuze her zum Thron der Gnade sandte.

Ach, daß diese erste Rede mich begrüßte, wenn ich vor diesem Thron einst als Suchender stehe und vor dem Saal der Heimat bittend anklopfe! Daß ich hören möchte – o Freude und Wonne – über ein verfehltes Leben: »Er wußte nicht, was er tat« und über die Fehler: »Vater, vergib ihm!« Und daß dann zu meiner Seite die vielen stehen möchten, die mir oft vergeben haben, und die wenigen, denen ich etwas zu vergeben berufen bin, und wir alle als höchste Weisheit das Katechismuswort rühmen dürften:

»Wo Vergebung der Sünde ist, da ist auch Leben und Seligkeit!«

Amen

II. Hohn, Glaube und segnende Tat

Es ist stiller um das Kreuz geworden; das Klagen der Frauen ist verstummt, und der Spott der Feinde schweigt. Es ist in Ruhe. Das Gebet, das der sterbende Heiland als Brücke zwischen dem Lande des Leidens und dem Lande der Herrlichkeit geschlagen hat, ist über Seine Lippen und aus Seinem Herzen gegangen: »Vater, vergib ihnen, denn sie wissen nicht, was sie tun!« Aus der Welt der Tränen führt dieses Gebet in die Welt des Trostes, aus dem Lande der Verlassenheit in die Heimat aller Geborgenen.

Stiller ist es geworden um den Herrn, stiller in Ihm. Der Blick in die Weite kehrt zurück in das Nächste, und das Gebet für die Welt wird zur Tat an den Allernächsten, die Ihn umgeben.

Es sind drei Sterbebetten, an die uns der heutige Text führt; wir hören drei Abschiedsworte von allergrößter Verschiedenheit.

1. Der Hohn

Der arme Missetäter zur Linken des Kreuzes hat von dem Spott, der zum Kreuz hinaufgrüßte, etwas in sich aufgenommen: »Andern hat er geholfen und kann sich selber nicht helfen« (Luk. 23,35). Und dieses Hohnwort hat in seiner scheidenden Seele Gestalt gewonnen; denn wer einmal das Heilige zu höhnen gelernt hat, verlernt es auch in der Todesstunde nimmer. Und darum spricht er: »Bist du Christus?« und erinnert damit den Heiland an jene Stunde, da der Fürst der Finsternis zu Ihm trat: »Bist du Gottes Sohn, so laß Steine Brot werden und Höhen vor dir sich neigen und nimm von mir die Enden der Welt zum Erbe« (Luk. 4,1-13). Bist du Christus, der Wundertäter, der Todesretter, der Krankenhelfer, der Brotkönig, der fünftausend sättigte und viertausend erquickte; der die Menge des Volkes von Krankheit und Gebrechen heilte; bist du Christus? So laß die Kraft, die Du an andere vergeudetest, jetzt zu dir zurückkehren, und dann muß noch so viel übrigbleiben, daß auch mir und meinem Gefährten Befreiung vom Kreuz wird!

Ach, Geliebte, das ist der Hohn, der bis auf diese Stunde zum Kreuz hinaufruft: Das soll der Welt Heil sein: ein Holz der Schmach und ein Kreuz der Ohnmacht? Und der soll der Helfer der Welt sein: blutüberströmt, wortlos, hilflos, ohne Kraft, ohne Stärke, ohne die Gabe, den Augenblick zu nützen? Sieht so der Weltheiland aus?

Mann am Kreuze, hörst du, was sie höhnen? Warum schweigst du?

Freund der Armen, vernimmst du, wie sie um deinetwillen verfolgt werden? Warum schweigst du?

Heiland der Welt, wirst du nicht gewahr, wie sie ein Stück ums andere aus dem Glaubensbekenntnis der Kirche herausreißen und mit Füßen treten? Und du schweigst? »Bist du Christus?«

Ach, Geliebte, wenn ihr es nicht bekennt, so will ich es doch bekennen: Solche Gedanken treten auch uns in schwerer Stunde nahe:

Bist du Christus? – und hilfst deinen Dienern so schlecht?

Bist du die Wahrheit – und schweigst zu ihrer Verneinung?

Du läßt Tausende vom Zweifel fortgerissen und Volksmengen von der Verleugnung wie dürre Blätter hinweggerafft werden – und schweigst?

Du siehst die Verführer über ihre Beute jauchzend spotten und nimmst wahr, wie in den Winkeln der Verlassenheit zerbrochene Menschen einsam ihre Schmach und ihren Schmerz verwimmern – und du schweigst?

Du erfährst es, wie Tausende an dir irre werden, weil der Himmel so ehern und die Erde so hart ist; ein einziges Wort von deinen Lippen: und die Quellen würden fließen und die Sterne würden leuchten – und du sprichst dieses Wort nicht?

»Bist du Gottes Sohn, so hilf uns und dir!« Tu ein Zeichen – aber du kannst ja nicht! Erweise dich als mächtig – aber du vermagst's ja nicht!

Und mit dem Hohn im Herzen und mit dem Zweifel auf den Lippen wird dieses Sterbebett von Nacht bedeckt und dieses Scheiden ein Abschied für immer.

2. *Jesus, gedenke an mich!*

Geht mit mir zu dem zweiten Sterbelager, an das zweite Kreuz, da ein treuer Gefährte, ein bußfertiger Bekenner und ernster Beter seinen letzten Kampf beginnt.

Ein treuer Gefährte! Einst sind diese beiden Schächer den Weg des Verderbens gemeinsam gegangen; wer der Verführer und wer der Verführte war, wissen wir nicht. Aber in dieser Stunde wendet sich der eine Gekreuzigte zum andern und spricht: »Fürchtest du dich nicht vor Gott? Halte ein, damit deine letzte Stunde das ganze arme Leben gnadenvoll abschließe; halt ein, damit nicht Sein Zorn dich treffe und kein Erretter mehr da ist!«

Das ist doch die wahre Freundschaft, die du in der Passion deinem Nächsten erzeigen kannst: »Fürchtest du dich nicht vor Gott? Gedenkst du nicht der letzten Stunde und der Abrechnung, die ihr folgt? Willst du nicht wenigstens, wenn du auch zweifelst, schweigen, und wenn dir Christus ein Rätsel ist, warten? Willst du es nicht noch einmal mit Ihm versuchen, ob Er nicht die Mühe lohne, die du Ihm zuwendest?«

»Fürchtest du dich nicht vor Gott?« – so rufen wir hinaus in die Welt; nicht weil wir frömmer sind als sie, sondern weil wir ein herzliches Erbarmen zu ihr tragen. Welt, die ihren Heiland verleugnet; Welt, die ihren Gott verläßt; Zeit, die du dich um das Höchste bringst – fürchtest du dich nicht vor Gott?

Und der treue Gefährte ist ein recht ernster Bekenner: »Zwar sind wir mit Recht in diesem Gericht!« – Schließ dich auch, lieber Christ, mit deinem Volk zusammen, über dem sich jetzt allerlei Wolken und Wetter zusammenziehen! Schließ dich zusammen mit deinen Hausgenossen, mit deinen Anverwandten, mit deinen Volksgenossen und sage: »Wir sind billig und recht in dieser Verurteilung; wir sind abgefallen, haben Fleisch für unsern Arm gehalten, haben Ketten zerrissen, die Er uns anlegte, Gesetze zertreten, die Er uns gab, Gebote verlassen, die Er uns zuwies: wir sind mit Recht in diesem Gericht!« (Jer. 17,5)

Buße, so sagt man, schändet den Mann; Buße, so sagt man, ist Sache des Schwächlings – als ob Gott nicht die höchste sittliche Kraft in diese Versenkung in das Begangene und Vergangene legte! »Ich habe gesündigt – und Du bist rein. Ich habe gefehlt – und Du bist fehllos. Ich habe in der Freude Gott verlassen und im Leide Seiner gespottet – und Dich hat Freud wie Leid mit Deinem Vater eng verbunden. Du hast nichts Ungeordnetes und nichts Unrechtes getan.«

Aus dem treuen Bußernst wächst zum Dank das ernste, klare Bekenntnis hervor: »ER hat nichts Unrechtes getan!« Jesu Sündlosigkeit merkst du erst aus deiner Sündenerkenntnis, und des Heilandes Reinheit gewahrst du erst an deinen Flecken. Das sind nicht Lehrsätze; Jesu Sündlosigkeit ist nicht ein Dogma, das die Kirche ihren Gläubigen aufzwingt; sondern aus dem Erlebnis der eigenen Schuld wird das Bekenntnis Seiner Unschuld: »Er hat nichts Unrechtes getan!« Meine Gedanken verklagen mich – Ihn zeiht keiner der Sünde; meine Worte gehen wider mich – Seine Worte sind rein, klar und lauter; meine Werke sind ungut, halbfertig, unrein – Seine Werke sind abgeschlossen, allesamt gerecht. So wird der Bekenner zum Beter: »Jesu, gedenke an mich, wenn du in dein Reich kommst!« Es heißt im Grundtext nicht: »Herr«, sondern: »Jesus, gedenke an mich!« Aus dem Christus, den das Gefühl nur nennt und kennt, bis Er allmählich verschwindet, wächst dem Glaubensbekenntnis der geschichtliche Jesus entgegen, der da – ob wir Ihn erfahren oder nicht, erleben oder nicht – der große Gottessohn und Menschenheiland bleibt: »Jesus!«

Dreimal hat der Herr dieses Bekenntnis gerühmt; als die Jünger den Meister umgaben: »Du bist Christus, der Sohn des lebendigen Gottes« (Matth. 16,16); als der Hauptmann von Kapernaum zu Ihm sagt: »Sprich nur ein Wort, so wird mein Knecht gesund« (Matth. 8,8) und als die Frau, welche den Sonntag Reminiszere mit ihrem Glauben bestrahlt hat, zu Ihm sagte: »Ja, Herr, aber doch!« (Matth. 15,21ff). Dreimal hat der Herr sich des Glaubens der – nah und fern – vor Ihn tretenden Seinen gefreut. Aber der Glaube war doch aus dem Schauen geboren: Der Hauptmann hatte von Jesu Taten gehört, vielleicht auch sie gesehen; die Frau hatte Jesu Holdseligkeit ins Auge fassen dürfen; die Jünger waren Zeugen Seiner Worte, Genossen Seiner Wunder. Aber dieser Übeltäter sieht einen zerrissenen, verwundeten, todesnahen Mann am Kreuz, ein zerstörtes Menschenbild, ein zerrissenes Saitenspiel, ein armselig geendetes Leben, dem keine Verheißung die Treue zu halten schien – und trotz alledem sagt er: »Jesus!«

Oh, Mann, dein Glaube ist groß! Du hast von der Dornenkrone weg die Königskrone und von der Armut hinüber den Reichtum der Herrlichkeit und von dem Todesschweigen des armen Meisters die Fürbitte des erhöhten Hohenpriesters geschaut und erlauscht. Oh, Mann, dein Glaube ist groß; du bist ein Sieger im Glauben. Denn du hast nichts gesehen, und alles bekannt; du hattest nichts in der Hand, und alles, alles hat dein Glaube erobert; alles stand gegen deinen Glauben, der Augenschein strafte dich Lügen, und du sagst doch: »Jesus, gedenke an mich, wenn du in dein Reich kommst!«

In diesem Worte hat sich der Himmel geöffnet; Jesus, zur Rechten der Majestät, schickt sich an, Seinen Armen auf Erden in Gnade und Sieg zu begegnen. Jesus, am Thron der Gnade mit der Fürbitte zu Ende gekommen, rüstet sich, Seiner Fürbitte Früchte einzusammeln. Der große Hirte kehrt auf Seine Erde zurück; der Herr, der die Pfunde ausgetan hat, kommt, um den Zins zu nehmen.

»In deinem Reiche.« – Wie hat in dieser Stunde der arme Schächer Kreuz, Not, Tod, Erde und Erdenfluch, verlorenes Leben und vergangene Sünden – alles, alles vergessen dürfen und schließlich einen einzigen großen Blick in die Weite des Jesustriumphes getan! Wie hat er in dieser Stunde all seiner Tränen, all seiner Angst des nahenden Todes, dessen Rauschen an sein Ohr drang, vergessen dürfen? Eine aufjauchzende Stimme: »Siehe, dein König kommt zu dir!« hat ihn umgeben; Palmen haben seinem todmüden Haupte Kühlung zugeweht; Psalmen der Überwinder haben ihn umrauscht!

»Wenn du in dein Reich kommst!« – wo die Apostel ihren Herrn umgeben und die großen Helden ihren König umringen und das Gefolge aller Bekenner hinter Ihm einherschreitet, der auf die Erde kommen wird, zu richten die Lebendigen und Toten, – da wird auch Raum noch für eine arme, zerbrochene Seele sein. Der mit dem Gewande, ja mit dem Saum Seines Gewandes eine arme Frau tröstete; der, ehe Er zum Sterben ging, einen Blick voll Gnade dem Verleugner sandte; der in Sein heiliges Erbarmen alle verlorenen Seelen, alle vergeblichen Mühen, alle verzeichneten Bilder, alle mißklingenden Töne aufgenommen hat – der hat noch Raum für das letzte Seufzen einer Seele: »Gedenke an mich!« Reinheit Jesu Christi – und der Staub der Straße; Königszug – und der Bettler dort am Zaun; Triumph, Ehre, Millionen von Lobgesängen – und die einsamen Tränen des Verblutenden: »Herr, gedenke an mich, wenn du in dein Reich kommst!« – Der treue Gefährte, der ernstlich Büßende, der klare Bekenner, der herzliche Beter soll nicht umsonst so geliebt, gelobt und bekannt haben.

3. Die segnende Tat am Kreuz

»Wahrlich, ich sage dir, heute wirst du mit mir im Paradiese sein!«

Wenn sich die Sonne am Frühlingstag zum Scheiden neigt, faßt sie noch einmal all ihre Strahlen in Gold und Glanz zusammen, und es flutet eine Herrlichkeit über die Auen, und die Scheidende grüßt auch das letzte Hälmlein draußen am Rain, das so sonnenfern schien.

Und nun nimmt der scheidende Herr Seine ganze Heilandsmacht zusammen, um sie dieser armen Seele erscheinen zu lassen, und spricht: »Wahrlich, ich sage dir!«

Kein zögerndes »Vielleicht«, kein freundliches »Wie gerne«, keine Zusage, der man den Mangel an Tat nur zu schnell abfühlt; sondern der da spricht: »Mir ist gegeben alle Gewalt im Himmel und auf Erden« (Matth. 28,18) – das erhebt im Geiste Seine durchgrabene Hand, legt sie segnend auf das Haupt Seines sterbenden Genossen und spricht: »Wahrlich, ich sage dir. . .« Damit der Zweifel schwindet – als ob die Ohnmacht hier verdient und die Torheit des Kreuzes verschuldet sei – soll es jedermann wissen: Der am Kreuz scheidet, ist der König der Wahrheit und der Herr aller Wirklichkeiten von Gnade und Vergebung.

»Wahrlich, ich sage dir!« Und dieses »Wahrlich!« geht einem die Majestät steigernden Wort voraus: »Heute.« Jener hat von fernem Zukünftigen geredet: Wenn einmal die Königsherrschaft Jesu alle Welt erfüllt hat, möchte sie auch ihn einbeziehen; und wenn nach Tausenden von Jahren der Herr in Glorie wiederkehrt, möge Er seiner nicht ganz vergessen. Es war ein Blick in ungeahnte Fernen, die vor dem Auge des Glaubens sich nun in Nähe wandeln. Aber der Heiland tut über Bitten und Verstehen. Und was der arme Beter in fernster Ferne und von dieser sich erhofft, das gibt der Herr an diesem Abend noch. Jetzt ist er ein armer Schächer – in wenigen Stunden ist er Gast in der Heimat. Jetzt wird sein Name mit Fluch genannt – wenn seine Mutter noch lebte, bräche ihr das Herz über den verlorenen Sohn –, und nach wenigen Stunden beugen sich vor ihm die gläubigen Väter des Alten Testaments. Jetzt ist er so verachtet, daß bald die Kriegsknechte seine Beine mit Schlägen zerschmettern werden, und in wenigen Stunden – heute, ehe es Nacht wird -: »Heute mit mir im Paradiese!« Denn es wird um den Abend bei der Seele licht, die Jesus etwas zutraut. Und nach dem schweren, nächtigen, furchtbar durchsündigten Tag wird um den Abend um dich der Glanz der Heimat sein, in der die letzten Tränen abgewischt werden. »Heute mit mir!«

Der Arme kann es wohl in dieser Stunde nicht fassen, daß ihn nur wenige Minuten von dem größten Glück trennen. Jammer, Mühe und Elend kommen zu einem seligen Ende. Denn wer bei Jesus in den Anfechtungen beharrt, dem gibt Jesus auch an der Herrlichkeit teil. Und wer sich in dieser Zeit voller Zweifel um der gekreuzigten Treue willen an Ihm nicht ärgert, den will Er auch bekennen vor Seinem himmlischen Vater (Matth. 10,32). »Mit mir!« Ach, der arme Schächer hat nur ein Stäublein sein wollen, auf das Jesu erbarmendes Auge noch falle, ein zerbrochenes Rohr, das der Gärtner nicht ganz knickt, sondern barmherzig aufrichtet (Jes. 42,3). Und so ehrt ihn der König über die Maßen, daß Er, als Er scheidet, sich nicht von ihm scheiden läßt und als ersten Gruß aus der Welt der Sünde und als ersten Sieg von der Sünde der Welt dieses Leben heimbringt.

»Heute mit mir!« – Einen erbärmlicheren Königszug hat

noch niemand gesehen: Ein Bettler kehrt heim und bringt einen anderen mit; ein Verworfener kommt ins Vaterhaus, und sein Geleite bildet ein anderer Verlorener und Verworfener; der Sohn kehrt heim zum Vater, der lange nach ihm ausgeschaut hat, und der erste Blick des Vaters fällt auf des Sohnes Gefährten, und auch das hat »... keine Gestalt noch Schöne!« Und doch: wenn Jesus sich des Armen nicht schämt, sondern als König des Himmels mit ihm einzieht – was sollen wir dazu sagen? »Heute mit mir im Paradies«: in der seligen Ruhe der Wartenden, in der seligen Ruhe des segnenden Gottes, in dem Frieden, da die Sünde kein Anrecht und die Not keine Geltung mehr hat.

So ist dies zweite Wort Jesu am Kreuz eine Welt voll Erbarmens. Es predigt uns, was der Hebräerbrief ahnungsreich schreibt: »Er schämt sich nicht, uns Brüder zu heißen.«

Liebe Christen! Die drei Sterben sind längst vorüber: Ein jegliches kam an seinen Ort. Hat den Spötter noch das Erbarmen getroffen und erreicht? Wir wissen es nicht, wir hoffen es; denn bei dem Herrn ist viel Gnade. Aber den andern hat das Erbarmen so verklärt, daß wir alle in dieser Stunde sagen: »Laß mein Ende sein wie dieses Gerechten Ende!« und einstimmen in das Wort des frommen Paul Gerhardt: »Wer so stirbt, der stirbt wohl!«

So tretet alle herzu, Geliebte, denen vielleicht erst in der Todesstunde klar wird, welche bittere Not wir unserem Herrn bereitet haben, und sprecht aus einem Munde: »Laß mich nicht und tue Deine Hand nicht ab von mir, Herr, mein Erbarmer!« Ach, daß ich hören möchte, wie Jesus jetzt immer am Abend redet, wenn meine Sünde mit mir zur Ruhe geht und mich das Unrecht bis in den Traum verfolgt; und einst in meiner letzten Stunde, wenn alle mich lassen müssen – ich selbst zuerst. In dieser letzten Stunde, die zwischen Zeit und Ewigkeit einsam ragt, lasse uns der Herr der scheidenden Zeit aus der Ewigkeit ein »Heute!«

zurufen, ein »Heute«, dem das Gestern in Seiner Vergebung zur Linken und das »Morgen« zu Seiner Erneuerung zur Rechten tritt. Er wolle zu uns sagen, ohne noch unserer Sünden zu gedenken: »Mit mir, nicht ohne mich!« Und dann wolle jede Frage uns erspart bleiben: wohin Er führt und was Er mit uns vorhabe und wo wir weilen werden. »Mit dir ist auch die Wüste Paradies, und mit dir ist auch die Todesnacht in Frieden.«

Das zweite Wort des Herrn am Kreuze geleite uns jetzt und in der Stunde des Scheidens! Amen

III. Treue erzeigen und Treue vergelten

Es gibt nichts Größeres im Himmel und auf Erden, was Gott erzeigen will und du erzeigen kannst; es gibt nichts Herrlicheres und nichts Einfacheres, nichts Schlichteres und nichts Lichteres als die Treue: die Treue, die Gott im Größten erzeigen will und die du im Kleinsten erzeigen kannst. Bei Ihm ist keine Veränderung noch Wechsel des Lichts und der Finsternis; wie Er es versprochen hat, so hält Er es auch, und was Er dir gelobt hat, wird Er nie vergessen (Jak. 1,17).

Und der Sohn heißt in Seinem Hause ein »treuer Hoherpriester« (Hebr. 2,17), der vieles übersieht, aber niemanden übersieht; der Sünde, Schuld und Missetat vergibt und vergißt, damit Er die Schuldigen nimmer vergessen würde. Die Treue, die ein Leben zu seinem Ziele und eine Seele zu ihrem Frieden zu führen verheißen hat, währt in Ewigkeit. Und der ganze Weg von der Zeit zur Ewigkeit hinüber ist mit Persönlichkeiten bedeckt, die nichts anderes zu rühmen wissen, als daß Er die Treue gehalten hat bis in den Tod.

Und du kannst und sollst die Treue halten; denn auf der ganzen Welt gibt es kein Größeres und Besseres, mit dem man für Jesus gewinnen und für Sein Reich werben könnte, als die Treue, die ein Mensch dem Bekenntnis hält; als die Treue, die ein Christ dem Getreuen erzeigt; als die Hingabe von Lebensglück und Lebensglanz an den, der einsam draußen vor dem Tore leidet.

Ich meine doch, daß ihr in dieser Passionszeit auch ab und zu erwägt, was ihr eurem Heiland zu Lieb und Dank tun könnt! Es gibt nichts Größeres und zugleich Schlichteres als Treue gegenüber dem Bekenntnis zu Seinem Kreuz.

1. *Wie man Treue erzeigt*

Drei Gruppen stehen unter dem Kreuz: die Mutter, die Freunde, die Jünger.

Wenn sich der Heiland in Seinen letzten Stunden nach Menschen umsah und in Gethsemane darum bat, daß nur eine kleine Weile mit Ihm gewacht und gebetet würde, so ist Ihm dieser Abschiedswunsch durch die Gnade des himmlischen Vaters erfüllt: Unter dem Kreuz wacht die Treue der Seinen. »Kann auch«, heißt es in Jesaja 19, »kann auch ein Weib ihres Kindleins vergessen, daß sie sich nicht erbarme über den Sohn ihres Leibes?« Seht, hier steht die Frau, die Gott gewürdigt hat, die Mutter Seines eingeborenen Sohnes zu werden, einsam unter dem Kreuz – aber sie steht in Treue!

Die Tage sind vergangen, da sie unter den Weibern »gebenedeit« genannt wurde und der Engel Gesang in die arme Behausung hineindrang und Gottes Verheißung einen Lebensmorgen umsäumte. Die Tage sind vorübergegangen, da sie den Sohn in des Vaters Haus lehrend, verheißend und erwartend gefunden hatte. Und wenn sie an dem ersten Zeichen sich erfreute, als Er das Wasser der Trübsal in den Wein der Freude verwandelte, und Seinem Wort anhing und nachging – so ist das alles jetzt vorüber. Der Glanz der Gebenedeiten ist verblichen – aber die Treue bleibt. Denn das ist nicht Treue: daß sie nur am guten Tage Jesu Christi gedenkt, weil Er das Haus schmückt und das Leben erquickt und den Tag erneut und verschönt – sondern das ist Treue: »Wenn dein Haupt wird erblassen im letzten Todesstoß, alsdann will ich dich fassen in meinen Arm und Schoß.« Das war die Treue Marias, der Mutter des Herrn, daß sie, als ihr Sohn ein Schmerzensmann ohnegleichen wurde, an der Verunstaltung Seines Antlitzes und an der Verunehrung Seines heiligen Wesens nicht Anstoß nahm, sondern dieses Bild der Schmerzen tief zu

Herzen und diese Einsamkeit des Leidens tief ins Gewissen nahm und einprägte. Sie hat nichts anderes tun können, als daß sie der Freude ihres Lebens, dem Glanz ihrer Tage auch dann zur Seite stand, als sich die Freude in Leid und der Glanz in Nacht verkehrte. Und neben der mütterlichen Treue, die nichts mehr für sich begehrte und nur die Teilnahme dem Sohne erzeigen wollte, finden wir die Treue der Freunde. Da waren die Schwester der Maria und des Kleophas Weib und Maria Magdalena. Die Schwester der Maria, in deren Leben das Glück der geliebten Schwester hineinleuchtete: Ich habe Jesus gefunden, Jesus, den Sohn Gottes; die von ihrer Schwester erfahren hatte, welch einen Reichtum ihr armes Herz und ihre arme Hütte hatte bergen dürfen. Und die so Gewonnene hatte neben sich die Mutter, die ihre beiden Söhne, Johannes und Jakobus, hatte ziehen lassen. Sie verließen Netz und Nachen, Beruf und Berufsgelingen, daß sie Jesus nach auf das weite Meer des Lebens steuerten und das Netz des Wortes und der Predigt auswarfen und einsenkten und eine große Menge für Ihn gewannen.

Diese Mütter haben nicht eigensüchtig auf ihre Söhne gerechnet und sie bei sich behalten wollen, sondern sie Jesus geopfert und gelassen: »Er ist es, der sie braucht; Er ist es, der sie segnet!« Und zu den zwei Freundinnen gesellt sich die Frau, der der Herr das Leben neu geschenkt hatte, als Er die unreinen Geister aus ihr verbannte (Luk. 8,2). All die trüben Erinnerungen hat Seine Erbarmung verscheucht, und all die schweren Anfechtungen hat Seine Gnade in Lobgesang gewandelt. Und die Arme, die ihr Leben unter der Last des Feindes einsam hingeschleppt hat, war von Ihm zu einer großen Gesegneten erhoben worden, von der Er Dank, Ehre, Tränen und Trauer als Erweis der Treue annahm.

Freunde Jesu erzeigen ihre Treue nicht nur dann, wenn Er ihnen hilft, sondern auch dann, wenn Er hilflos nimmer nützen kann. Freunde Jesu gehen Ihm nicht nur nach, wenn Er durch die Hallen schreitet, segnend das Leben zu krönen, heilend die Dürre in Frühlingsauen zu verwandeln; sondern sie folgen dem Lamme, wohin es geht: durch die Wüste der Nacht, durch die Öde des Lebens, durch das Kreuz der Not, in die Stunde des Scheidens. So bezeigt man dem Herrn die Treue, ihr Freunde und Freundinnen Jesu Christi, auf deren Freundschaft Er so viel Wert legt, wie Er Anrecht hat: »Ich habe dich erlöst; ich habe dich bei deinem Namen gerufen, du bist mein« (Jes. 43,1) Denen Er versprochen hat, mit ihnen Ströme zu überbrücken, Wellen zu überwinden, Not in Freude zu wandeln.

Freunde und Freundinnen Jesu, erzeigt Ihm die Treue, indem ihr Ihn in Seiner Not ans Kreuz begleitet und das eine Wörtlein zu Herzen nehmt: »Es standen unter dem Kreuze.« Nicht das Wehklagen um den Abfall noch das Seufzen um die Verleugnung, nicht der trübe Blick, der der untergehenden Sonne wehmutsvoll nachsieht, noch das matte Wort: »Laßt uns mit ihm sterben!« sind wirklich der Treue Erweisung und Tat, sondern das ist die Treue, daß man unter dem Kreuz beständig bleibt: »Ich will hier bei dir stehen . . .«

Darin zeigt sich die Treue, daß, wenn der geliebte Freund Jesus Christus verlassen, verworfen und vergessen wird, die Seele aufrechtstehend spricht: »Dennoch bleib ich stets an dir . . .« (Ps. 73,23). Das ist, meine teuren Freunde und Freundinnen Jesu Christi, wahrhaft ritterliche Treue, die sich zu einer fallenden Ehre, zu einer sinkenden Seele und zu einem sterbenden Heiland fest und beständig hält und stellt: Und wenn alle, tausend zu deiner Rechten und zehntausend zu deiner Linken, weichen – ich will dich nicht verlassen, denn ich kann es nicht!

Und zur Treue der Mutter und der Freunde kommt die Treue des Jüngers Johannes unter dem Kreuze. Es hat kein Mensch so in Jesu Tiefen sehen dürfen wie die Elf, die Sein hohepriesterliches Gebet durch die Nacht hinziehen hörten; die vernahmen, wie Er den Himmel offen und die Erde überwunden sah, und erlauschten, wie Er für sie, für ihre Schüler, für ihre Hörer, für ihre Erfolge den Vater anging. In dieser heiligen Abendstunde, als der Verratene sich Seinen Jüngern zustiftete und der Verkannte für Seine Gemeinde betete, haben sie das meiste von Ihm gelernt. Und darum kann der Jünger, »den Jesus liebhatte«, Ihn nicht verlassen.

Wir haben auch seit vielen Jahren zu Jesu Füßen sitzen dürfen. Die Lehrer, die uns des Herrn Wort erläuterten, sind alle daheim; und die Männer, die ihren Griffel in Anbetung tauchten, um Sein heiliges Bild uns zu zeichnen, sind längst zum Frieden des Schauens gekommen. Wir sehen jetzt unsre Tage auf die Höhe heransteigen und dem Abend näherkommen, ganz allein dem Meister gegenüber. Aber wir danken es Seinem Heiligen Geist, den Lehrern und Werkzeugen, unsern Vätern, daß sie die Hirtentreue Jesu Christi uns unvergeßlich ins Herz prägten und brannten. Und nach solcher Erfahrung bleiben wir unter dem Kreuz stehen; denn wir meinen, nicht das sei Jüngertreue, daß man den Gekreuzigten als überlebt verläßt, sondern daß wir den umfassen mit der Energie des Glaubens und mit dem Ernst des Bekennens, der sich unser nicht geschämt, uns Sünder Seine Brüder und Freunde zu heißen sich nicht geweigert hat. Das ist die Treue, die die Lehrer der Kirche dem Herrn und Meister erzeigen, daß sie unter dem Kreuz, da man Ihn verleugnet und verlästert, aushalten, weil es nichts Größeres gibt im Himmel und auf Erden als den Dank der Beständigkeit.

Seht, so erzeigt man Treue!

2. *Wie Er Treue vergilt*

Und wie wird solche Treue gelohnt? Ich sage ganz einfach: Jesus lohnt die Treue mit Gaben und mit Pflichten.

War das nicht eine Gabe, die der Evangelist so schlicht darstellt: »Da nun Jesus seine Mutter sah und den Jünger dabei, den er liebhatte, sprach er: Weib, siehe, das ist dein Sohn! – Sohn, siehe, das ist deine Mutter!«

So hat die Treue Jesu über den Aufgaben der Welterlösung, über der Fürbitte für Seine Peiniger und Bedränger, über dem priesterlichen Wort zum Schächer, über eigenem Leid und eigenem Todesschmerz die Wenigen um Sein Kreuz nicht übersehen. Jesus sieht die Treue!

Ist das nicht eine Gabe, die du deinem Herzen täglich sagen darfst? Jesus sieht deine Meinung, kennt dein Verlangen und deine Vorsätze. Ist das nicht Gabe, wenn man sich einsam, unbekannt, unverstanden und ungetröstet weiß auf einer Welt, auf der man bleiben muß, obgleich man's gar nicht will – daß da Gott der Seele zuruft: Ich sehe dich und kenne dich von ferne!?

Jesus sah sie: »Ihr seid's, die ihr bei mir beharrt habt in meinen Anfechtungen« (Luk. 22,28). Jesus sah sie: »Ich habe nicht umsonst gearbeitet und mein Leben nicht unnütz zugebracht« (Jes. 49,4). Jesus sah sie: »Siehe, hier bin ich und die, die Du mir gegeben hast« (Jes. 8,18). Jesus sieht dich und mich und will so die arme Treue segnen, daß wir es wissen: Mit jenem Blick voll Gnade sieht Jesus uns und blickt uns tief ins Herz und weiß bei allen Dingen, daß wir Ihn liebhaben.

Und die zweite Gabe: »Als nun Jesus seine Mutter sah und den Jünger, den er liebhatte, spricht er: Siehe, das ist deine Mutter!« Man verachtet auch das letzte Wort eines Sterbenden doch nicht; man nimmt auch seine Kürze und Eile dankbar zu Herzen, sind sie doch ein köstliches Vermächtnis, in dem das Leben dem Tode begegnet und der Tod vom Leben besiegt wird.

Jesus sprach! Letzte Worte, die der Heiland der Welt zuruft, werden Liebesworte an die Seinen. Das ist auch uns eine Gabe: Niemand bleibt unter dem Kreuz ungetröstet, vielmehr findet die Seele, die unter Christi Kreuz aushält, dort eine Gesinnungsverwandte und hier eine Bekenntnisgenossin. Glaubt mir: Alle Verbindungen, Beziehungen, Verhältnisse, die fern vom Kreuz und nicht in seinem Schatten geknüpft und verbunden werden, haben das Geheimnis des Welkens in sich aufgenommen. Wenn der Wind darübergeht – Anfechtungen, Kälte, Entfremdung, Laune, Leidenschaft – sind sie nimmer da und ihre Stätte kennet sie nicht mehr. Glaubt es einem Mann, der so viel in diese Beziehungen hineingeblickt hat und noch hineinblicken muß: Was ohne Christi Kreuz sich fand, verliert sich im Kreuz des Lebens.

Aber wenn du unter dem Kreuz deines Heilandes suchst, fragst, nach Verständnis und Teilnahme ausschaust – wieder kommt mir ein Wort aus Jesaja 49 in den Sinn – dann wirst du sagen: »Wer hat mir diese geboren und wer mir diese aufgezogen?« Das ist Jesu Art, daß Er Menschen durchs Kreuz unter dem Kreuz zusammenbindet: »Weib, siehe, dein Sohn!« Die Kirche Jesu Christi, die in diesen Tagen so trauernd unter dem Kreuz steht und klagt: »Hast du sie vergessen? Hast du aufgehört, gnädig zu sein und hat dein Erbarmen ein Ende? Hast du in der Glorie des Sieges meinen Kampf ganz außer acht gelassen?« – sie soll es gläubig vernehmen, wie ihr Heiland sagt: »Sieh, das sind deine Söhne!« Es stehen von ferne Bekenner und es kommen aus der Nähe Freunde. Doch sobald die Kirche ihren Standort unter dem Kreuz verließ, war sie verlassen. Nie dagegen war sie verlassen, wenn sie unter dem Kreuz ausharrte und hoffte. – »Weib, dein Sohn!«

Vernimmt dies jemand, der über Mangel an Beruf klagt, weil er den gottgewiesenen noch nicht erschaute – glaube mir: Es liegt an dir. Du hast nicht unter dem Kreuz ausharren mögen, darum kannst du niemandem nützlich sein, bist nirgends ein Salz, zu würzen und zu heiligen; nirgends ein Licht, zu leuchten und zu wärmen. Darüber ist es zwar spät geworden am Tage, und doch nicht zu spät. Wenn du dich wieder beim Kreuze Jesu Christi einstellst, betend und bekennend, gelobend und liebend, wird Er dir den und jenen Menschen zuführen, die und jene Beziehung erschließen, daß du helfen, heilen, trösten, erquicken kannst, so daß der Abend eines vielleicht vergeblich hingebrachten Tages alles Vergangene aufwiegt und alle verlorene Zeit einbringt. Ich habe unter dem Kreuz Menschen für Jesus gewonnen, Menschen Jesu gefunden: »Kirche, das sind deine Söhne! Seele, das sind Menschen, an die Ich dich weise!«

Maria bekam zu den drei Gaben – des Blickes und des Wortes und der Segnung – die Aufgabe, Johannes, seine Jugend und sein Leben in ihre schützende Obhut zu nehmen.

Ganz anders und unsäglich mehr als Johannes bedarf unsere studierende Jugend, unsere lernende Schülerschaft, unsere heranwachsende Männerwelt der zarten, ernsten, keuschen Fürbitte und Fürsorge auch der Frauen. Ach, wie viele Mütter haben den Einfluß auf ihre Söhne verloren, weil sie sich durch ihre Söhne vom Kreuz weglocken ließen, statt daß ihre Söhne durch sie beim Kreuz geblieben wären! Wie viele Frauen haben auf ihre Männer allen Einfluß und für sie alle Bedeutung eingebüßt, weil sie meinten, sie müßten ihren Männern zulieb kirchenlos, bibelfremd, gottfern werden, statt daß sie sie herangezogen, herbeigerufen und gehalten hätten!

Und zu dem Jünger, den Er liebhatte, sprach Er: »Sieh, das ist deine Mutter!« Johannes hat ja auch Gaben empfangen: Der Meister erkennt den Schüler, und noch im späten Lebensjahre hat dieser aus diesem letzten Blick des Scheidenden sich das Wort angemerkt: Jesus sah mich, den Er liebhatte. Johannes hatte auch das Abschiedswort des

Herrn vernommen, das ihm bis in die letzten Tage seines eigenen Lebens nachging. Und er hat unter dem Kreuz, weil ihm sein geliebter Bruder Jakobus bald genommen werden sollte und seine Mutter ihn nicht begleiten konnte, eine neue Aufgabe empfangen: »Das ist deine Mutter!« Sie soll sein Leben hüten, er das ihre versorgen; sie soll sein Leben mit Erinnerungen aus Vergangenem schmücken, er soll ihr Leben mit Hoffnung auf das Kommende bereichern. Sie beide sollen in Jesu Liebe verbunden bleiben, Erfahrung und Erlebnis, Erwartung und Begebnis austauschen.

»Sieh, das ist deine Mutter!« Wie viele Söhne haben ihre Mutter verloren, innerlich längst aufgegeben, weil sie nicht unter dem Kreuze blieben. Wie oft lösen sich zwischen den heranwachsenden Söhnen und den Müttern, die in den Söhnen ihren Stolz erblicken, alle Bande und heilsamen Beziehungen! »Das ist deine Mutter«, die unter dem Kreuz dir neu geschenkt, durch das Kreuz dir neu verklärt wird. Wir, die wir wohl meist auf ein längst verblichenes Bild der Mutter zurückblicken, sehen dieses Bild durch die Gnade des Kreuzes mit Vergebung verklärt. Nicht mehr die arme Frau, deren Gebrechlichkeit dem Sohn und seiner Kritik ausgesetzt war; nicht mehr das schmucklose Lebensbild, dessen Züge uns langsam verdämmern und dem Gedächtnis immer mehr entschwinden, da sie nicht festgehalten werden können – sondern das Gnadenbildnis, in das der Herr Sein Erbarmen eingezeichnet hat. Nun ist alles neu geworden: »Sieh, das ist deine Mutter!«

So versprecht es, wenn euch in der Passionszeit unter dem Kreuz irgendeine Aufgabe wird, sie treu und ernstlich zu erfüllen. Ihr habt unter dem Kreuz zwei Aufgaben erhalten: Ihm die Treue zu erweisen und denen, für die Er gestorben ist.

Ja, es gibt nichts Herrlicheres auf der ganzen Erde als die Treue der Beharrung, die uns heute wieder sprechen läßt:

»Ich gebe dir Willen und Wesen zum Opfer!
Nimm, ach nimm doch gnädig an,
was ich Armer schenken kann!«

Und wenn dir heute unter dem Kreuz deines Heilandes das Verlangen erwuchs: »Ach, daß ich Treue halten könnte!«, so höre zum Schluß das Trostwort: »Bleiben wir nicht treu, so bleibt er doch treu; er kann sich selbst nicht verleugnen!«

Deshalb: »Halte im Gedächtnis Jesum Christum!« Amen

IV. Im Angesicht des Todes

Mit drei Worten hat der Herr Jesus Sein Haus bestellt, aus der Weite in die Enge, aus der Ferne in die Nähe zurückkehrend. Er hat zuerst das große Haus, in dem Er treu war – die Welt, ihre Not, die Sünde ihrer Unwissenheit und die Angst ihres Irrtums – Seinem himmlischen Vater zur Vergebung empfohlen. Er hat sich sodann Seiner Leidensgenossen erbarmt und dem einen Schächer die Tür ins Paradies weit aufgetan und dem andern sie nicht gar verschlossen. Er hat endlich derer, die Ihm auf Erden am nächsten standen, freundlich, brüderlich und kindlich gedacht und die Mutter dem Sohne und diesen der Mutter anbefohlen. Nun ist, was Ihm hier auf Erden zu tun oblag, Gott anheimgestellt. Er hat Sein Haus bis ins letzte geordnet. Und nun denkt Er an Seine einsame Seele, die sich jetzt anschikken muß, den ganzen Ernst des Todeskampfes allein auszukosten und den heiligen Leib in die Tiefen des Todes und der Todesangst hinabzuziehen. Seine Seele, die sich zum schwersten, bittersten Todesgang rüsten muß, tritt jetzt vor Ihn heran; und im Gedächtnis dessen, was Ihm bevorsteht, spricht Er das schwerste Wort – für Ihn das schwerste, für dich und mich das seligste Wort.

1. Das schwerste Wort

Er hat die Verleugnung der Jünger ertragen, hat empfunden und erlitten, wie sich eine Rebe nach der andern vom Weinstock löste; es ist Ihm zur Seele gegangen und schwer aufs Herz gefallen, wie der Jünger des Bekenntnisses dreimal den von ihm Erkannten und Bekannten verleugnete und damit der ganzen Welt ein schweres, banges Rätsel aufgab. Wie viele Zweifel sind an der Verleugnung Petri erwacht, und wieviel innere Not hat das leichtfertig gesprochene Wort des Jüngers durch die Jahrhunderte erregt!

Er hat weiterhin erfahren, wie eine Rebe nicht nur vom Weinstock abfiel, sondern wider den Weinstock zeugte, wie der, der Seine heilige Kraft durch ein seliges Leben verspürt hatte, gegen Ihn die Ferse erhob. »Unser Herr Jesus Christus« – so bekennt die Gemeinde so oft in ihrer höchsten Freude und in ihrem tiefsten Leide – »in der Nacht, da er verraten ward«. Dieses Weh war Ihm nicht erspart: daß sich ein Jünger von dem Meister mit Bewußtsein, ein Glied mit Vorsatz und Willen von dem heiligen Haupte trennte, den aus allerlei böser Begierde verließ und verstieß, der gerade dann ihn freizumachen verheißen hatte.

Was war gegen Verleugnung und Verrat der Jünger der Spott der Feinde, die Schmähung des Mörders, der Hohn der Umgebung, das Alleinsein, nachdem Maria und Johannes von Ihm geschieden waren? Er hatte es durchlitten; Er hatte es erfahren und auf sich wirken lassen. Er konnte hoffen, den Kelch bis zur Neige geleert zu haben – da wurde Ihm die ganze Bitterkeit erst dargereicht: Der Vater rüstet sich, den Sohn zu verlassen.

Von der sechsten Stunde an wurde eine Finsternis bis zur neunten Stunde. Drei schwere bange Stunden wurde das Licht des Tages vor dem größten Leid, das sein Herr und Schöpfer einsam litt, begraben und verborgen.

Die Nacht war zum Licht geworden, als der Heiland auf die Erde geboren wurde und die Klarheit des Herrn umleuchtete alles, was im Schatten und Finsternis des Todes einsam ruhte. Als aber der Heiland Sein großes seliges Werk zu vollenden sich anschickte, wird des Mittags Helligkeit und die Klarheit des Lichtes in Finsternis verwandelt. Wie kann die Sonne der Natur dem noch scheinen, den die Sonne der Gnade verläßt und vergißt! Wie darf da der Tag noch sein heiteres Antlitz zeigen, wo der Herr des Tages Seinen Sohn preisgibt?

»Da verlor die Sonne ihren Schein.« In dieser Stunde hat der Feind sein Antlitz und die Hölle ihr Grauen enthüllt, und aus der Tiefe regten sich alle Gespenster des Abgrunds und alle bitteren Feinde Gottes stellten sich zwischen Ihn und Sein einziges Kind: Tod und Hölle, Lebensverneinung und Lebenszerstörung, Fluch und Verdammnis, Ferne des Glückes und Zerstörung des Friedens, Mißglaube, Zweifel, Schande, Laster, Mißtrauen, Hohn, falsches Zeugnis, Lästerung – all das quoll aus dem Abgrund hervor. Giftige Schwaden lagerten sich um das Kreuz, nächtige Schatten bedeckten den Heiligen Gottes, bis Er inneward, was den letzten Nerv durchbebte und Sein heiliges Leben erzittern machte: »Von Gott verlassen!« So hat Er niemand mehr im Himmel und auf Erden. Der alttestamentliche Gläubige weiß: Wenn gleich Leib und Seele verschmachten, so ist doch Gott der Trost und das Teil des Herzens. Und wenn du in die Hölle geworfen wirst, kannst du doch auf Ihn hoffen (Ps. 73). Der Heide hat etwas gehört von dem todüberwindenden Licht der Gnade, daß nach Morgenschauern eines kühl anbrechenden Tages endlich die Morgenröte der Ewigkeit aufflamme. Und der Mensch, der einmal etwas von Gott erlebt und erfahren hat, darf sich trösten, daß in der bängsten Stunde Gott ihm Stärke sein wird. Das ganze Alte Testament und die Herrlichkeit heidnischen Spruches und Liedes sind von der Hoffnung durchzogen: Wenn Leib und Seele verschmachten und der Tod das Leben nimmt, dämmert die Freude des Sieges langsam empor.

Doch was der Ärmste weiß, ist Jesus entzogen; was der Fernste hofft, hat der dem Vater am nächsten Stehende verloren: Verlassen auf Erden, und im Himmel ohne Trost und Hilfe – das ist das schwerste Wort.

»Ich bin nicht allein; der Vater ist bei mir!« – »Vater, verkläre deinen Namen!« – »Vater verkläre mich mit der Klarheit, die ich bei dir hatte!« Alle diese Gebete und Gewißheiten klingen jetzt wie Hohn. Durch die ganze Gemeinde dringt es: »Gott, von Gott verlassen!« Durch unser Herz zieht es in dieser Abendstunde: »Hier hat der Vater des Sohnes nimmer gedacht!«

»Mein Gott, mein Gott, von dir verlassen!«

In dieser Stunde hat unser Herr Sein ganzes Werk vernichtet gesehen. So steuert der Schiffer sein armes Fahrzeug durch Flut und Sturm bis hart ans Ufer – und dann kommt eine Welle und treibt ihn zurück und hinaus auf das Meer. So hat der Wanderer mit letzter Kraft die Heimat erreicht, und als er dem Vater um den Hals fallen und sprechen will: »Laß mich bei dir bleiben!«, trennt sich der Vater von ihm, und die harte Tür scheidet Liebe von Liebe. Es ist alles mißglückt und die ganze Arbeit mißlungen; die Jünger sind enttäuscht; sie haben vergeblich vertraut.

»Von Gott verlassen« – das ist nicht das Gefühl des sterbenden Heilandes, wie etliche meinen, sondern das ist die Tatsache, unter der Er Seinen heiligen Geist aufgibt: Der Vater hat sich vom Sohn geschieden. Was in dieser Stunde das Herz des Vaters bewegte, wissen wir nicht und dürfen es auch nicht wissen. Genug, daß Er der Sonne gebot zu verlöschen und die Nacht heraufsteigen hieß, mit barmherzigem Schatten das Grauen zu bedecken. Genug, daß Er ein tiefes Schweigen drei Stunden lang über die Erde hinbreitete. Da hat niemand wahrgenommen, wer am meisten litt: der verlassene Sohn oder der Vater, der Ihn verlassen hat.

Dieses schwerste Wort Jesu Christi, mit dem Er Seinem Werk die Todesglocken läutete und Seine Arbeit als vergeblich bekannte, dieses schwerste Wort, für dessen Lauterkeit und Klarheit wir tagtäglich auf den Knien danken sollten, weil Er es uns hat wissen lassen, welch furchtbare Not Er durchmessen und welche Angst Er durchlitten hat, ist für dich und für mich das seligste Wort!

»Warum hast du mich verlassen?«

Die Antwort steht bei Jesaja 54: »Ich habe dich einen

kleinen Augenblick verlassen und habe im Ausbruch des Zornes mein Angesicht von dir gewandt!« Der himmlische Vater spricht nicht begütigend: »Mein Sohn, du bist nicht verlassen; ich bin allezeit bei dir, und was mein ist, das ist auch dein!« Er redet nicht beschwichtigend, daß dem Sohne nicht grauen solle und wenn Er nicht fühlen dürfe, daß der Vater Ihm nahe sei, könne Er es doch glauben. Er bekennt sich dazu, daß Er Ihn verlassen habe: »Im Ausbruch des Zornes habe ich dich verlassen.«

2. *Das seligste Wort*

Die Lösung des größten und schwersten Wortes und Geheimnisses lautet: »Er ist um unserer Sünde willen verwundet und um unserer Missetat willen zerschlagen« (Jes. 53). Das ist die eine Antwort. In dieser Stunde haben sich alle Sünder aus allen Zeiten und Geschlechtern und Völkern und alle Sünden aus den Herzenstiefen, aus den Oberflächen des Lebens, aus dem Tun der Menschen und aus all ihrer Untreue um das Kreuz geschart. In dieser Stunde hast du und haben die Deinen und habe ich und haben wir alle, die wir noch nichts von ihrem Grauen ahnten, voreilend, vordenkend alle, alle unsere Missetat, die ungezählten Ungerechtigkeiten, die Unbill unseres Lebens, den Traum unseres Denkens, die Untreue unseres Wirkens, die böse Neigung unseres Wesens vorausgeschickt: Tötet den, der für euch sterben soll!

In dieser Stunde haben alle, die vor Ihm gelebt haben – alle die Väter des Alten Bundes, alle die Größen der Heidenwelt, die Einsamen draußen am Wüstenrand und die großen Volksmengen des Altertums ihre Künste und Gaben, die Gott verunehrten, Sünde und Schande, die verkehrten Gottesdienste, Schrecken der Angst, Qualen des bösen Gewissens – alles haben sie Ihm nachgesandt: »Sucht den auf, der für euch zu sterben verheißen hat!« In dieser Stunde hat – daß ich es kurz sage – die ganze Welt der Sünde und die Sünder der ganzen Welt sich auf diesen Einen geworfen, damit erfüllet würde, was Johannes zweimal geweissagt hat: »Siehe, das ist Gottes Lamm, welches der Welt Sünde trägt!«

In dieser Stunde hat Er erfahren, was es heißt: »Gott hat dich, der du von keiner Sünde wußtest, für die Welt zur Sünde gemacht.« Darum ist Er verlassen, weil der Heilige das Unheilige, der Reine die Unreinheit und der Sündenlose die Sündenmenge nimmer sehen kann, nimmer sehen darf. Darum ist Er von Gott verlassen, weil unsere Sünden Ihn und Seinen Vater voneinander schieden. »Er trug unsere Krankheit; Er ist um unserer Sünde willen verwundet und um unserer Missetat willen zerschlagen« (Jes. 53).

Schon das ist ein seliges Wort, und ich darf es gewiß glauben: Was mich verdammen müßte, hat Ihn verdammt; was mich ewig von Gott scheiden müßte, hat Er erlitten; was mich verklagt – und ist kein Erretter mehr da –, hat Er getragen. Um meiner Sünde willen ist Er in den Tod gegeben.

Das ist der eine Trost vom Kreuze; und der andere lautet:

»Die Strafe liegt auf ihm, auf daß wir Frieden hätten, und durch seine Wunden sind wir geheilt!«

Das eine Wort gab den Grund der Gottverlassenheit an, und das andere den heiligen Zweck: meinen Frieden. Meine Sünde hat Ihm die Verlassenheit gebracht, und Seine Verlassenheit hat meinen Frieden hervorgerufen.

Darum wurde Er drei Stunden lang von Seinem himmlischen Vater in eine Ewigkeit der Liebesferne gestellt, damit ich Frieden hätte. Wenn meine Sünde mich verdammen will, darf ich nun sagen: »Christus ist hier, der für mich gestorben ist!«

Wenn ich Menschen wehgetan habe, die von mir genommen sind, und ich kann sie nicht mehr um Verzeihung bitten: »Christus ist hier, der dies Ungebüßte und Unabgebetene getragen hat.«

Wenn ich friedlos und angstvoll und ohne Ruhe durch die Welt eile, in der mir alles zu schwer wird und ich selbst mir am meisten: »Die Strafe« – meine Seele, o glaub es doch und halte es fest bis zum letzten Atem – »die Strafe liegt auf ihm« – jetzt noch, alle Strafe für Zeit und Ewigkeit; alle Strafe, damit du Frieden hättest, niemand und nichts dich verdammte, deine Verkläger von dir zögen und deine Feinde zuschanden werden müßten. »Die Strafe liegt auf ihm.« Drei Stunden hat Er Höllennot erfahren, damit dir die Hölle erspart und mir der Abgrund verschlossen bliebe. Drei Stunden stand Er ganz allein, damit langsam, bedächtig, eine Großmacht der Liebe aus dem fluchgetränkten Boden des heiligen Kreuzes heraufwüchse, ein Baum des Lebens, Trost der Freude, Gruß des Friedens, mit dem Wort apostolischer Bezeugung: »Er ist unser Friede!«

»Er ist zur Sünde gemacht, auf daß wir würden die Gerechtigkeit, die vor Gott gilt!« (Römer 3,21)

Wenn wir auch die Tiefen nicht ermessen sollen noch können noch dürfen, in welche die Gottverlassenheit unseren besten Freund senkte, so sollen und dürfen uns doch täglich die Friedenspalmen, die aus diesen Tiefen hervorgesprossen sind, trösten, uns Gnade und Erbarmen zuwehen und uns täglich bezeugen:

»Am Kreuz hat Frieden er gemacht;
o großes Wort: Es ist vollbracht!«

Seht, jetzt wissen wir es und können unser Herz dabei stillen, daß wir niemals mehr von Gott ganz verlassen werden, auch dann nicht, wenn Leib und Seele sich scheiden, ja dann am wenigsten: »Wer will verdammen? Christus ist hier, der gestorben ist, ja vielmehr, der auch auferstanden ist, welcher ist zur Rechten Gottes und vertritt uns!« (Römer 8,34)

Gemeinde Jesu Christi, von Ihm mit heißen Tränen und teuren Leiden erkauft – willst du diese Großtat preisgeben, diesen Schatz der Gnade feilbieten? Willst du um der neuen Lehren willen den alten Trost aufgeben? Israel hat doch keine andere Hilfe als die von dem Kreuz des Herrn!

Laßt es mich euch bezeugen als ein Diener Jesu Christi, laßt mich euch bitten: Haltet im Gedächtnis Jesu Christi Gottverlassenheit!

3. *Mein Gott . . .*

Nachdem drei Stunden lang die Sonne ihren Schein verloren und sich das ewige Licht drei Stunden lang in Todesnacht gesenkt hatte, dämmerte über Jerusalem wieder friedlich, als ob nichts geschehen wäre, die Abendsonne herauf, und ihre letzten Strahlen beleuchten das Antlitz eines Scheidenden, auf dem großer Friede ist: »Ich habe dich einen Augenblick verlassen, aber mit großer Barmherzigkeit will ich dich sammeln; ich habe mein Angesicht im Ausbruch des Zornes vor dir verborgen, aber mit ewiger Treue will ich mich zu dir kehren!« Es ist ein Wörtlein, das dieses Lichtes Nahen uns verbürgt: »Mein Gott, mein Gott!«

So läßt der Vater doch, nachdem die drei Stunden schwerster Pein durchlitten sind, wieder das Licht aufgehen von dem Gnädigen, Barmherzigen und Gerechten, und die todmüde, erstarrende Hand legt sich glaubensvoll in die Hand ihres Gottes, und das scheidende Leben verbirgt sich in die Treue seines Herrn. Der in dieser Stunde das »Mein« über die Welt hingerufen hat – daß man es wisse: »Hölle, Tod, Sünde und Feind können zwar einen Augenblick scheiden, aber die Liebe Gottes währt in Ewigkeit« –, der verspricht es dir und sagt zu deiner Seele: So gewiß Er in der letzten Stunde das »Mein« aus väterlichem Erbarmen hat sprechen dürfen, so gewiß will Er uns in Seine heiligen durchgrabenen Hände einzeichnen: »Du bist mein; siehe, in die Hände habe ich dich gezeichnet!« (Jes. 49,16)

»Es soll dein Tod und Leiden,
bis Leib und Seele scheiden,
mir stets in meinem Herzen ruhn!«

Liebe Christen, ach, sammelt euch mit dem Ernste der sonst zerflatternden Gedanken, mit der Aufrichtigkeit der sonst verwehenden Worte und mit der Wirklichkeit der Ihm gelobten und sonst nur scheinbaren Treue um die Gottverlassenheit eures einigen Erbarmers! Und weil Er in solche Höllennacht geführt worden ist und ihr Ihm nie vergelten noch ersetzen könnt, was Er damals für euch gelitten hat, sprecht wie aus einem Munde, weil ihr nichts Besseres könnt und nichts Größeres sollt:

»Tausend–, tausendmal sei dir,
liebster Jesu, Dank dafür!«

Amen

V. Das kürzeste Wort aus dem siebenfachen Testament

Deren eines zeugt von höchster Niedrigkeit und deren anderes von größter Hoheit – Armut und Reichtum umschließen sie. Aber so gewiß auf dem Wort der Armut ein Glanz reicher Majestät ruht, so gewiß liegt auf dem Worte des Reichtums der Schatten der Armut. Nahe aneinander gerückt ist das Wort der tiefsten Not und des höchsten Sieges, damit die Gemeinde auf Erden wisse, wie aus der Not der Sieg geboren und im Sieg die Not nicht vergessen werde.

»Da nun Jesus sah, daß alles vollbracht war . . .« Er hatte alle Weissagungen, Zeichen, Sinnbilder und Vorbilder des Alten Testamentes erfüllt, von der ersten Weissagung an, daß zwischen dem Schlangensohn und dem Weibessohn eine ewige Feindschaft bestehen und diese Feindschaft mit dem Siege des Weibessohnes gnadenvoll ausgetan werden müßte, bis hinauf zu den Weissagungen von dem Löwen aus dem Stamme Juda, der nicht rasten werde, bis er Friede gebracht habe, bis hinauf zu der allerhöchsten Weissagung von dem, der die Krankheit getragen und die Schmerzen auf sich genommen und die Strafe erlitten hat. Jesus sah, daß die ganze unabsehbare Kette von Weissagungen jetzt um Sein Leid und in demselben sich zusammenschloß. Kein Wort ist auf der Erde, das nicht erfüllt, und keine Verheißung, aus der Not der Zeit geboren, die von Gott einzulösen versäumt oder vergessen worden wäre.

Diese Weissagungen sind nicht einzeln, mechanisch, äußerlich erfüllt worden, sondern die ganze alttestamentliche Geschichte mit ihren Weissagungen auf den einen Menschen, der die Not des Menschengeschlechtes in sich aufgenommen und auf sich laden will, ist in diesen Stunden zur Erfüllung gekommen. Die Geschichte hat ihren Meister, die Weissagung ihren König, die Verheißung ihre Erfüllung gefunden. Es ist nicht eine Geschichte, die mit großen Anfängen eintritt, um dann jämmerlich und elend im Tode zu verkommen; sondern eine Geschichte, die fortwirkt und fortschreitet bis zur Höhe von Golgatha, bis das Zeugnis aus der Geschichte über die Geschichte ertönt: »Sehet, welch ein Mensch!« Bis die Menschheit in diesem schmerzgeborenen, leiderkorenen Jammerbild den erkennt, der alle ihre Sorgen und Sünden auf sich genommen und getragen hat. Bis die Menschheit an Ihm ganz ihr Wesen, ihr Sehnen und Sorgen, ihre Art erkannte und darüber hinaus *den*, der Schmerz und Sorgen freundlich stillt.

Jesus sah, daß die ganze Verheißung der Geschichte und die Geschichte der Weissagung erfüllt ist. Er sah, daß alle Zeichen und Sinnbilder vollendet und erfüllt waren: All die Zeichen, nach deren Bedeutung jetzt noch der fromme israelitische Knabe ums Passahfest fragt, wenn er den Vater angeht: »Was bedeutet das Blut an den Türpfosten und das Lamm, das wir opfern, und die Kräuter und der Kelch, den wir segnen?« – und der Vater ihm antwortet: »Heute sind wir Knechte, übers Jahr sind wir Freie; heute warten wir, übers Jahr besitzen wir.« Wenn der Sohn von dem Vater den Kelch in die Hand bekommt und vor die Tür hinaustretend spricht: »Du Gesegneter des Herrn, warum stehst du draußen? Komm herein!« Alle diese Zeichen, unter denen Israel, das altgläubige Israel, träumend, sinnend, fragend einhergeht, sind erfüllt: Hier ist das Opferlamm, Christus, für uns geopfert; hier das Blut des Neuen Testamentes vergossen, das da besser redet als alles Blut der Lämmer, das jemals versprengt war; denn es macht von aller Sünde rein. Hier ist der Fluch des Diensthauses endlich gelöst, und die an Ihn glauben, sind endlich befreit. Und alle Zeichen von der ehernen Schlange, die, erhöht, denen, die im Glauben sie ansahen, Leben, Heil und Rettung stiftete, bis zu dem am Kreuz Erhöhten, der allem Leid ein Ende machte. Die Zeichen alle, die durchs Alte Testament gehen, diese wunderbaren, geheimnisvollen Priesterbräuche, Priestersitten, Priestergewänder, Priesterarbeiten, all die Klagen des Hohenpriesters, dem jährlich geboten war, zunächst für eigene Sünde zu opfern, danach erst für des Volkes Sünde, sind verstummt.

Hier tritt aus dem Heiligtum des Opferbringens und aus der Verborgenheit des Todesringens, aus der Selbstheiligung dessen, der gesprochen hat: »Ich heilige mich selbst für sie, auf daß auch sie geheiligt seien in der Wahrheit!« der große majestätische Hohepriester hervor, damit er auf das Volk Seinen segnenden Namen lege und mit einem einmaligen Opfer die vollendete, die geheiligt werden. Alle Zeichen sind erfüllt; alle Sinnbilder und Vorbilder haben ihre wirkliche Bedeutung erhalten. Das Opfer und der Opfergedanke, der in das Menschenherz von Anfang aller Kreatur eingesenkt ist, hat seine höchste Erfüllung und seine Wahrheit gefunden in dem Opfer dessen, der da spricht: »Suchet ihr mich, so lasset diese gehen«, der sich darbietet für alle zur Erlösung, Gott zu Wohlgefallen und süßer Freude.

»Mich dürstet!«

Jesus, unser Herr, sah: Das ist alles vollendet, und nun fügt Er wie einen Schlußstein in das wundersam einfache Gebäude, dessen Grund in des Paradieses Verheißung gelegt und dessen krönender Abschluß am Kreuz vollendet ward, einen letzten Stein, einen letzten Zug ein. Damit erfüllet würde, was geschrieben steht, spricht Er: »Mich dürstet!«

Es ist das ärmste Wort, das der Heiland auf Erden gesprochen hat, ärmer noch als das Bekenntnis der Gottverlassenheit. Das Bekenntnis der Gottverlassenheit läßt noch die großen innerlichen, furchtbar-gewaltigen Kämpfe ahnen; dieses Wort, so kraftlos und gering, so scheinlos und so bedeutungsarm, hat Er gesprochen, damit die Weissagung erfüllt würde aus dem 22. Psalm: »Ich bin ausgetrocknet, wie eine Scherbe hingegossen; du legest mich in des Todes Staub!« So an Leib und Seele verschmachtend, heillos, segenslos, kraftentbehrend, liegt dieses Zeugnis vor uns: »Mich dürstet!«

Er spricht nicht mehr von den Qualen der Gottesferne, die sind überwunden; noch redet Er von den Sorgen der zu erlösenden Welt, die sind gestillt; noch zeugt Er von der Schuld der Missetäter – die ist bezahlt und gebüßt. Er redet auch nicht mehr von denen, die Ihm lieb und vertraut sind – Er hat sie aneinander gewiesen. Er weiß nur noch des Augenblickes Schwere zu bekennen: »Mich dürstet!« Das ist der, der für mich und dich vierzig Tage lang in der Wüste gelitten und entbehrt hat, und wiederum der, der mit wenigen segnenden Worten und gesegnetem Brot Tausende speiste; das ist der, der an Sein Eigentum pochte, und niemand tat Ihm auf, aber etliche Heiden begrüßten Ihn und etliche Griechen kamen, Ihn zu sehen. Das ist endlich der, der alle Mühseligen zu sich kommen lassen und alle Beladenen bei sich beherbergen wollte und sprach: »Wen da dürstet, der komme; wer an mich glaubt, von dessen Leib werden Ströme des lebendigen Wassers fließen« (Joh. 7) Dieser Heiland ist so arm geworden, daß Er dem ärmsten Begehren Ausdruck gibt.

Einst hat Er im Überfluß dürftiges Wasser in köstlichen Wein durch segnende Worte und Zeichen gewandelt, die Hochzeit mit köstlicher Gabe geschmückt und bereichert, und nun ist Er so arm, daß Er das alte Wort auf sich anwenden muß, bittend, bettelnd: »Brich dem Hungrigen dein Brot; entzieh dich nicht von deinem Fleisch; erquicke den Durstigen und gib Raum der hungernden Seele!«

Und Er wendet sich mit dieser Bitte nicht an Seine Jünger, (daß sie fragen müßten: Kann Ihm niemand zu trinken geben;) nicht an Seine Freunde, (die sind längst fortgezogen; Maria und Johannes haben die Leidensstätte verlassen.) Er wendet sich an die gleichgültige, an die feindliche Welt. Sie soll Seine letzte Bitte, die Er um ihretwillen getan hat, vernehmen und so ins Herz fassen das Wort: »Sehet, welch ein Mensch!« Der Tausend um Tausende aus der Qual des Verschmachtens erlöste, der dein Leben vom Verderben errettet und dich mit Gnade und Erbarmen krönt, deinen Mund fröhlich macht und deine Seele bis in die geheimsten Tiefen erquickt, der bekennt es Seinen Feinden und der Ihn nicht verstehenden Welt: »Mich dürstet!« Nicht, daß sie Ihn betäube, wie sie es vorher versuchte, als Er's schmeckte, es aber nicht trinken wollte – Er wollte ganz des Todes Bitterkeit erschauen und ganz die Gewalt der Finsternis durchmessen. Nein, damit auch die Welt ein Vermächtnis habe und ein Zeugnis dafür, wie niedrig die Allmacht werden kann, wenn die Liebe sie regiert, spricht Er: »Mich dürstet!«

Da treten sie nahe ans Kreuz und füllen einen Schwamm mit Essig (denn es stand ein Gefäß mit Essig daneben), legten ihn um einen Ysop und führten's Ihm zum Munde. Nicht die köstliche Labung, die auch einen Sterbenden erquicken kann, das aus einem Bergquell genommene Wasser, das Gottes besondere Freundlichkeit verkündet: »Du lässest Quellen rauschen aus der Tiefe«, sondern den Essig, den herben Trank, der den Sterbenden oft dargereicht wurde, empfängt Er, damit Er wisse: So dankt die Welt!

Wenn wir an Sterbebetten stehen, überlegen wir, wie wir Geliebte oder Freunde laben und erquicken; das Köstlichste ist uns kaum gut genug, um dem enteilenden Leben noch einen Beweis unserer Liebe und unserer Treue zu geben.

Hier dankt die Welt ihrem Heiland. »Was habe ich dir getan, mein Volk, womit habe ich dich beleidigt? Hab ich dich nicht mit Wollust getränket wie mit einem Strom und mit Gnade dich gesättigt wie mit einem Quell?« Habe Ich nicht in der Nacht, als Ich verraten wurde, köstlichste Gabe zu ewiger Labung verordnet und gestiftet! Und du dankst deinem besten und treuesten Freunde mit dem herbsten Trank, den du hast?

Geliebte! Ich liebe es nicht, dieses Wort anders zu deuten, als es geschrieben steht, so gerne ich das Wort des Gregor von Nyssa anwende und gebrauche: »Dich dürstet, o Herr, nach unserem Durst«, sondern ich möchte es euch gerne so ins Herz legen, wie es der Herr gemeint hat mit Seiner Ärmlichkeit, Nüchternheit und Leidensschwere und dich, Passionsgemeinde, nur das eine fragen: »Wie dankst du deinem sterbenden Herrn?« Mit der Fülle meiner Ansprüche an das Leben, mit der Menge der freundlichen Gewohnheiten, die den enteilenden Tag mir verschönern, mit der Größe der Forderung an die fliehende Stunde, daß sie mich labe mit dem Reichtum von Erwartungen, die das Leben mir zahlen soll?

»Wie dankst du deinem sterbenden Herrn?« Damit, daß ich mir keinen Wunsch versage? Damit, daß ich mich schone und pflege, jeden rauhen Luftzug von mir fernhalte? Damit, daß ich lässig gegen mich bin und lau in der Selbstzucht und lieber Jesus verleugne, als die Schmach des Bekenntnisses trage? Damit danke ich meinem Herrn, daß ich mich nach jedem Winde neuer Lehre richte, weil ihn die Großen der Welt verbreiten, und jedem Luftzug der Tagesmeinung mich erschließe, weil sie von Mächtigen ausgeht? »Ich lebte mit der Welt in Lust und Freuden, und du – mußt leiden!«

Damit danken wir dem sterbenden Herrn, daß wir dem, der kein Gefallen an Ihm selber hatte, mit Eitelkeit und Selbstgefälligkeit, mit Lässigkeit und Lauheit, mit Säumigkeit und Träumerei begegnen? Was Wunder, wenn Er sich von uns wendet und keine Labung mehr von uns begehrt und zu den Heiden Sein Leid trägt: »Mich dürstet!«

Ach, daß in dieser Passionszeit dieses ärmste Wort des Herrn wenigstens *ein* Gelübde in uns erweckte: »Ich will nicht auf mich sehen, noch an mich denken. Da Du um meinetwillen verschmachtet bist, gönne mir die einzige Ehre, daß ich um deinetwillen entsage und verzichte. Da du um meinetwillen arm warst wie der Ärmste der Erde, laß mir die Ehre, daß ich einsam gehe und stehe, dir zu Dank und dir zu Lieb.«

Da Jesus sah, daß alles vollendet war, daß die Schrift erfüllet würde, spricht Er: »Mich dürstet!« Der Niedrigkeit ärmstem Wort, dem Bekenntnis Seiner Ohnmacht und aufs höchste gestiegenen Dürftigkeit tritt das gewaltigste Wort zur Seite. Amen

VI. »Es ist vollbracht!«

Als Jesus den Essig genommen hatte, spricht Er: »Es ist vollbracht!«

Dieses Wort kann kein Scharfsinn ausgründen, und Menschenwort stammelt nur von den Geheimnissen dieses Sieges. Dieses Wortes Tiefe – »zu Ende gekommen«, »das Ende ist gekommen«, heißt es im Griechischen – zu erschöpfen reicht weder Stunde noch Kraft aus. So habe ich versucht, in vier kurzen Sätzen des Wortes Bedeutung einzukleiden. Es ist vollbracht

der Hölle Verlangen,
der Menschheit Sehnen,
des Vaters Begehren und
des Sohnes treue Dienste.

1. Es ist vollbracht der Hölle Verlangen

Sie hat verlangt, daß die Sünde ewig von Gott scheide und hat gejauchzt über den Fluch der Sünde. In ihren Tiefen erscholl Freude und Wonne, daß der Tod stärker sei als das Leben und der Fluch mächtiger als die Liebe. Sie hat verlangt, daß die Sünde ewig von Gott scheide; ihr Verlangen ist geschehen; ihr ist nach ihrem Willen getan. Der Heilige Gottes sinkt in die Tiefe, von Gott verlassen, vom Vater verstoßen. Daß die Menschheit um der Sünde willen ihr, der Hölle, gehöre – das ist geschehen; daß die Sünde den Sohn vom Vaterherzen reiße – das ist vollbracht; daß auch das kleinste Unrecht den treuen Gott erzürnt und daß der Zorn Gottes den verdammenden Fluch der höchsten Majestät in sich schließt, das ist erwirkt; hinfort hat die Hölle keinen Anspruch mehr. Und so oft sie eines armen Menschen begehrt, kann er sich hinter dieses Kreuzeswort des für ihn zum Fluch Gewordenen flüchten und retten: »Er hat dir bezahlt, was du fordern kannst; weiche von mir! Wie willst du verdammen – hier ist Immanuel!«

2. *Es ist vollbracht der Menschheit Sehnen*

Sie hat in tausendfachen Stimmen und Stimmungen, in den Chören ihrer Dichter und Sänger, in den Bildwerken ihrer Meister, in den Klagen ihrer Tragödien, in dem Flehen ihrer Psalmen, in den Gebeten ihrer Tempel nach einem gnädigen Gott ausgeschaut. Die ganze Menschheit sehnt sich nach dem Sonnenblick der Gnade. Tausende von Jahren sanken dahin: »Wächter, ist die Nacht des Zornes nicht gewichen? Hüter, ist die Nacht nicht hin?« Israel hofft auf den Herrn von einer Morgenwache bis zur andern, ob es über Zion hell werde und die Morgenröte den nahenden Tag verkünde.

Aber die Morgenröte stieg nicht herauf, und die Sonne verbarg sich. Und in das einstimmige Sehnen mischte sich das vielstimmige Verlangen: »Erbarme dich meiner und sei mir gnädig! Gedenke nicht an meine Sünde und vergilt mir nicht nach meiner Missetat!« (Ps. 103)

Und dieses Verlangen der Menschheit ist reichlich, freundlich und ewig erfüllt und erhört. Gott ist Seinem Volk gnädig, weil Jesus Christus Frieden gemacht hat und Frieden gebracht. Nun ist der Vorhang zerrissen, der die flehende Gemeinde von dem heiligen Gott schied. Nun ist der Zugang ins Allerheiligste geöffnet, und der entwölkte Himmel zeigt die Sonnenflut des Erbarmens. Nun sieht eine ganze Welt auf das Holz des Fluches, unter dem der Frühling grünt und über dem die Gnade aufgeht wie ein seliger, heller Sonnenstrahl von der Ewigkeit, reich und mächtig genug, die Zeit zu durchleuchten. Nun hört man ein Wort durch alle Zeiten schallen: »Wo Vergebung der Sünden ist, da ist auch Leben und Seligkeit!« Das Sehnen und Verlangen der Menschen ist erfüllt. Auf die Frage: »Ich armer Mensch, wer wird mich erlösen?« kommt der Jubelruf: »Ich danke Gott durch Jesum Christum, meinen Herrn!« (Röm. 7,24-25). Auf das Kyrie eleison folgt ein brausendes, durch Jahrhunderte tönendes, schallendes, übermächtiges, übergewaltiges Halleluja! »Tod, wo ist dein Stachel, Hölle, wo ist dein Sieg? Gott sei Dank, der uns den Sieg gegeben hat durch unseren Herrn Jesum Christum!« Nun ist die Angst zum Frieden gewandelt.

3. Der Wille des Vaters ist vollbracht

> »Geh hin, mein Kind, und nimm dich an
> der Kinder, die ich ausgetan
> zu Straf und Zornesruten!«

Der Sohn hat dieses Wort bis aufs Letzte erfüllt. Er ist zu dir gekommen und hat alle deine Klagen vernommen und deine Tränen gezählt, und deine Seufzer als die einzige Mitgift, die du Ihm gönntest, verstanden und gewürdigt. Er hat sich in den Staub der Erde gebeugt, daß Er dir diente, und hat mit heiligem Erbarmen dir deine vom Erdenschmutz befleckten Füße gewaschen: »Ich bin unter euch wie ein Diener« (Luk. 22,27). Wer wagt es, diesem Jesuswort zu widersprechen? Gehorsam bis zum Tode, ja bis zum Tode am Kreuz, hat Er den Willen des Vaters vollbracht. Er hat die Schafe, die verloren waren, alle gesucht und über dem einzelnen die Menge nicht versäumt. Er hat jeden Menschen nach seiner Art und die ganze Menschheit nach ihrer Gleiche behandelt, geheilt und geheiligt. Er hat deine ganze Lebensgeschichte mit dem Einschlag ihrer Kontoschuld und Selbstverschulden und ihrem Unrecht tiefgründlich studiert und in sich aufgenommen. Es ist kein Wort auf deiner Zunge, das Er nicht kennt. Und so hat Er den Willen des Vaters erfüllt, indem Er zum ersten die Tiefen unserer Schuld durchmaß, zum anderen die Größe des göttlichen Zornes litt und so den Vater mit uns versöhnte. Er hat, daß ich es kurz sage, getan, was der Vater Ihn hieß, und gelitten, was der Vater Ihm auflegte.

4. Seine Dienste sind vollbracht

Liebe Christen! Es ist nichts mehr im Rückstand; wir brauchen Ihm nicht mehr mit Opfern und Gelübden nachzuhelfen. Es tut nicht not, daß du Sein Verdienst durch deine Arbeit ergänzest oder seine Tat als eine für das 20. Jahrhundert verblichene neu auffrischst. Es ist ganz unnütz, wenn man das Opferleiden und den Kreuzestod des Herrn neuerdings nur vorbildlich auffaßt. Er hat alles vollendet; es ist alles geschehen.

Sage mir, Seele, was fehlt dir noch? Was wünschest du noch, seitdem Er alles vollendete? Ist ein Wort, das du brauchtest, nicht gesprochen? Ist dir ein Trost, dessen du bedürftest, nicht gespendet? Ein Friedensgruß, nach dem du lechzest, ist er dir nicht geschenkt? Ist etwas in deinem Leben, das der Herr Christus nicht getragen, ertragen und damit gebüßt, aber auch getröstet hätte? Ach, glaubt es Ihm doch, was Er heute aus der Tiefe Seiner Treue, aus dem Ernst Seines Sterbens bezeugt: »Es ist vollbracht, Herr, es ist geschehen, was Du befohlen hast!«

Wenn eingangs davon die Rede war, daß auf dem Wort der höchsten Armut der Glanz des Reichtums und auf dem Wort der höchsten Macht der Schatten der Armut liegt, so laßt mich mit diesem Wort schließen: »Mich dürstet!« Ja, auf dieser Armut liegt doch ein Reichtum. So kann nur ein König der Ehren sich erniedrigen. Die Allmacht, so tief sie sich niederbeugt, bleibt im Verzicht ja doch die höchste Majestät. So oft du dieses Wort betrachtest, denke daran: Solche Unscheinbarkeit, ohne fürchten zu müssen, durch sie einzubüßen, kann nur der göttliche König sagen und wagen. Solche Beichte, ohne die Angst zu haben, daß sie Seine Ehre beeinträchtige, kann nur der tun, dem alle Gewalt im Himmel und auf Erden gegeben ist.

Und wenn du das andere sieghafte Wort in die Unfertigkeit deines Lebens, in die Trostesmängel deines Daseins hineinfaßtest, hineinbetest, hineinzwingst: »Es ist vollbracht!« – dann denke daran, welch ein Schatten auf diesem Siegeswort ruht, und sage: »Ich bin der Schatten größter!« Mein armes Leben steht so lange unter dem Kreuz – und ist doch so wenig unter dem Kreuz gewachsen. Mein sinkender Tag ist von der frühen Morgenstunde an mit dem Zeichen des Kreuzes gesegnet – und so wenig hat er Ihm gedankt. Mein ganzes Leben ist vom Kreuz umworben, wie nur je ein treuer Freund um Liebe warb – und was ist aus meinem Leben geworden? Elendes Stückwerk, Vorsätze, die am Morgen blühten und am Mittag welk sind und am Abend mit dem welken Gras begraben werden, Gelübde, die, kaum den Lippen enteilt, wieder vom Herzen vergessen und versäumt sind. Die Hände haben sich gar nicht geregt, das Versprechen auszuführen. Mit Versprechungen, denen Ernst und Nachdruck fehlten, suchte ich mich loszukaufen von der Treue meines Herrn.

Was hätte aus meinem Leben werden können! Welche Ströme des Segens hätten von mir ausgehen können – und nun ist alles so spärlich! Ich habe keinen Einfluß auf meine Umgebung, keine Kraft für meine Arbeit, keine Lust an meinem Werk. Ich werde von mir selbst getötet, begraben und vergessen. Das ist der Schatten, der auf dem Königswort ruht: »Es ist vollbracht!« Und ich stehe neben dem Wort des Königs und höre die Hölle auflachen im wilden Hohn: Sind das die Werke deiner Hände? Sehen so die vollbrachten Taten aus?

Gebet

»Was mir in solcher Schwachheit mangelt an ernstlicher Reue und Buße über meine Sünden, an festem Glauben und Vertrauen auf dein Verdienst, an ernstlichem Vorsatz, mein Leben zu bessern, das erstatte und erfülle der gnädige Gott durch den Reichtum Seines Leidens und Sterbens, auf daß wir, die wir jetzt noch auf dem Wege unserer Pilgrimschaft Dich als unseren Trost und Heiland am Kreuze demütig, gläubig ehren, dermaleinst in der oberen Heimat als Wirklichkeit, wahrhaft Vollbrachtes, schauend und anbetend dich umgeben mögen!« So gewiß Sein königliches Wort am Kreuze Wahrheit ist, so gewiß steigen unsere Bitten zu Ihm empor: »Heilige uns in deiner Wahrheit; vollbringe und bringe zu Stand und Wesen, der ich auf Vollendung angelegt bin, und laß das Stückwerk aufhören! Mache, da der Tag seinem Ende zugeht und mich verklagt und Dich zur Klage treibt, wenigstens den Abend so licht, daß man bei meinem Ende sagen könne: Es ist vollbracht! Die Gnade hat an diesem Menschen erreicht, nicht, was sie wollte, aber doch, was sie sollte!« Amen

VII. Das Testament des Karfreitags

»Gedenke Du an uns, o Herr, und sei uns gnädig; denn wir sind einsam und elend. Gedenke unser nach deiner großen Barmherzigkeit! Amen.«

Wir sind zum letzten Wort des verscheidenden Herrn und Heilandes emporgeführt worden und danken Ihm aus dem Grund unseres Herzens dafür, daß Er uns zu Zeugen Seines Leidens und mit der frohen Botschaft vertraut gemacht hat, wie Er in Seinen Leidensstunden an uns gedacht und für uns gebetet habe. Wenn wir diesen Trost im Leben nicht hätten, so wären wir elender als alle Kreatur; wir hätten gehofft, und ein schweigendes, starres Kreuz hätte unsere Hoffnungen zuschanden gemacht; wir hätten gewartet, und ein Stummer, der Seinen Mund nicht auftut, hätte uns keinen Bescheid gegeben. Aber wie sich der siebenfarbige Regenbogen über der sturmbewegten Erde wölbt, so erhebt sich über Leid, Sünde, Schuld und Tod dieses siebenfache Gnadenwort am Kreuz. Ein Sterbender betet für uns, damit wir Leben hätten; ein Leidender denkt an uns, damit wir überwinden; Gottes Sohn vergißt Seine Brüder nicht, damit sie Seiner sich ewig getrösten.

Zu diesem letzten Wort des Herrn sind wir emporgeführt worden. Es ist

ein Siegeswort,
ein Sorgenwort und
ein Segenswort.

1. Das Siegeswort!

Nie hat sich ein Kämpfer, so scheint es, mehr getäuscht über den Erfolg seines Kampfes, noch je ein Wanderer über das Ende seines harten Weges mehr geirrt als der Kämpfer am Kreuz, der Wanderer durch das Tal der Todesschatten: Jesus Christus. Er ruft hinaus: »Es ist vollbracht!« – ein Unterlegener ruft vom Sieg, ein Schiffsmann, dessen Fahrzeug zurück ins Meer gestoßen, von den Wellen auf- und abgeschleudert wird, grüßt, als wäre er im sichern Hafen; ein Kämpfer, gegen den sich alle Feinde siegreich erheben, redet vom Sieg!

Dort hat Er es der Welt bezeugt; die Krone der Ehren, die Ihn jetzt schmückt, bestätigt es, und die ganze Kirche auf Erden erlebt es: Es ist wirklich alles vollbracht.

Menschenseele, die du über die Trümmer deines Lebens und deiner Hoffnungen klagst; Christenmensch, der du eine Säule um die andere fallen und einen Stab um den andern brechen siehst, dem die alten, großen Wahrheiten langsam entgleiten, als seien sie nie gewesen, und dem die vormaligen Tröstungen verhallen, als hätten sie nie Geltung gehabt: Höre das Wort deines Herrn, stärke dich am Glauben deines Herrn Jesus Christus, der dir in der Stunde der tiefsten Niederlage den Sieg und am Tage, als alles gegen Ihn sprach, Sein Überwinden bezeugt hat: »Es ist vollbracht!« Auf dieses Wort hin ruft Jesus mit lauter Stimme. Sonst verhallt und verröchelt das Seufzen der Sterbenden. Lautlos geht das Leben zumeist zu Ende. Die Pulse schlagen schwächer, die Kraft versiegt, das Leben versagt, die Lippen schließen sich, noch ein leises Wort und ein leiseres – und es ist vorüber. Aber der, der des Todes Gewalt hat und mit lauter Stimme der Welt Seine größte Not offenbarte, als Er sprach: »Mein Gott, mein Gott, warum hast du mich verlassen?«, stirbt vor den Augen der Welt als ein Sieger. Nicht als ein Überwundener, der sterben muß, sondern als ein Überwindender, der sterben will; nicht als ein Unterlegener, der dem Feinde Raum gibt, sondern als der Überlegene, der Macht hat, sich Sein Leben zurückzunehmen – so geht Er in den Tod. Es soll jedermann wissen, daß sich hier nicht eine Naturnotwendigkeit vollzieht, die in Ohnmacht, Kraftlosigkeit und Schwäche versinkt, sondern daß hier einer stirbt, der nicht sterben müßte; daß einer in den Tod geht, der dem Tode die Macht genommen und alle Todesgewalt zerstört hat.

Jesus ruft mit lauter Stimme! Wenn jene anderen Stimmen laut werden, die da höhnen: »Wo ist nun dein Gott?« und wenn die Frage sich breit macht: »Wo ist nun Christi Werk?«, dann magst du dir zu Herzen nehmen, daß Jesus ruft: »Kommt her, alle meine Feinde, und seht, ob so ein Entmächtigter stirbt! Tretet näher alle meine Gegner, sagt selbst, ob ein Entrechteter so scheidet!« Kommt her, ihr Zweifler und ihr Widersacher und ihr, die ihr den alten Jesus als eine langsam verdämmernde Schattengröße mitleidig zur Seite stellt – hört diese letzten Worte über den Kampfesplan hinaus in alle Welt schallen, wo Er draußen vor dem Tor gelitten hat. Hört es, wie Er bezeugt: »Ich habe die Welt überwunden!« (Joh. 16,33)

Und noch ein anderer Sieg liegt in dem Worte des Herrn, ein Sieg, so zart und schön und innig, daß wir nicht an ihm vorübergehen dürfen: Der Sieger bekennt, welche Waffe Ihm diesen Sieg errungen hat. So schaut der Held nach blutigem Streit Sein geliebtes Schlachtschwert an, das mit Scharten bedeckt ist, das Ihm die Treue gehalten hat. So blickt Er wie auf ein teures Vermächtnis auf das Rüstzeug, das im Kampf, als alles erbebte und entwich, Ihn schirmte. So blickt unser Herr in dieser Scheidestunde auf das Schwert des göttlichen Wortes.

Der Apostel schreibt einmal vom Schwert des Geistes, welches das Wort Gottes ist. Dreimal in Seiner Todesstunde hat der Herr dieses Schwert in die Hand genommen. Einmal, als Er mit dem 22. Psalm rief: »Warum hast du mich verlassen?« Das andere Mal, als Er aus dem Wort des 69. Psalms bekennt: »Mich dürstet!« Und jetzt, da Er in der letzten Scheidestunde in dem Frieden des 31. Psalms ruft:

»Vater, in deine Hände befehle ich meinen Geist! Du hast mich erlöset, du treuer Gott!«

Seht, wie Er dreimal dem Versucher widerstand mit Seinem gehorsam-demütigen: »Es steht geschrieben!«, als Er der Willkür der feindlichen Anfechtung die Gehorsamsverpflichtung gegen Gottes Willen entgegenhält – so hat Er dreimal mit dem Schwerte des göttlichen Wortes gegen alle Seine Feinde bestanden. Welch eine Treue des Siegers, daß Er dieser Waffe gedenkt! Welch eine Mahnung an dich und mich: Laß das alte, gute Schwert nicht von der Seite, laß es nicht aus deiner Hand!

Wenn wir wahrnehmen, mit welcher Geringschätzung Theologen und Laien dieses Wort Gottes behandeln und betrachten; wie sie, statt seine Stärke zu ehren, die Rostflecken, welche Jahrhunderte auf das Edelmetall gelegt zu haben scheinen, betasten und betonen; wenn wir wahrnehmen, wie dieses alte Schwert, das durch so viele Jahrhunderte die Treue gehalten und die Probe bestanden hat, verachtet wird und im Winkel steht – kaum, daß es zu einer Predigt hervorgesucht wird, die dann auch mehr äußerer Anlaß als feste tragende Grundlage ist, wenn wir wahrnehmen, wie in den Christenhäusern viele neue Waffen geschmiedet werden, die man Apologien des Christentums nennt, arme, unwerte Schwerter, in einem Augenblick geschmiedet und im nächsten entwertet – wenn wir dies alles beobachten, dann laßt uns heute dem Sieger geloben, der durch das Wort den Kampf durchgeführt hat, daß wir uns diesem lebendigen und kräftigen Wort nie entziehen, sondern es in guten Tagen als unseren Schmuck und in bösen Tagen als unseres Kampfes Preis und Rüstung preisen wollen. Laßt uns dem scheidenden Herrn nachrufen: »Das Wort, das dich bis in den Tod begleitet hat, soll auch mein Leben rüsten, bewähren, bewahren und ihm zum Siege verhelfen.«

Lieber Christ! Jesus bürgt für das Wort – und du läßt dir

seine Kraft rauben? Ein Sterbender verpfändet Ehre und Namen für dieses Wortes Kraft – und du läßt es dir verdächtigen? Der König der Wahrheit, in dessen Mund kein Betrug erfunden und in dessen Herz keine Selbsttäuschung war, hat sich an dieses Wort gehalten – und du willst neue Waffen? Tu es nicht! Das Siegeswort erschallt mit lauter Stimme durch die Lande: Wer dem Worte traut, den wird Gott erretten; denn es ist ja das Wort, das Gottes Erbarmen in heimlichen Nächten geschmiedet und bereitet hat, das der Herr Jesus gesegnet hat, das Er erprobte, das Seine Apostel in schwerer Zeit geprüft und als lauter befunden haben. Es ist das Wort, das Luther in die Faust nahm, wenn es draußen stürmte und drinnen wogte, wenn sich alles um ihn herum wie Not, Tod und Niederlage anließ. Da teilten sich die Stürme, da schwiegen die Feinde, aber das Wort Gottes blieb und siegte.

2. *Das Sorgenwort*

Aus diesem Sieg ist die Sorge geboren, das Sorgenwort: »Vater, in deine Hände befehle ich meinen Geist!« Die Gottverlassenheit ist überwunden, die Sünde ist getragen und gebüßt, das Leid ist im Gehorsam bis auf den letzten Tropfen Bitternis durchmessen, und nun kann sich der Sohn wieder zum Herzen des Vaters flüchten. Ihr sollt es wissen: Jesu größte Sorge in der Scheidestunde bleibt es, das Wort sich vorsagen zu dürfen, das Ihn beim ersten Morgengrauen auf der Erde begleitete, Seinen Tag erhellte, Seine Nacht mit Gnade durchleuchtete, das Wort: »Vater!« Ach, wer darf Ihn jetzt vom Vater scheiden, nachdem Er die Scheidewand niedergerissen und den Zaun, der zwischen dem Heiligen und den Unheiligen aufgerichtet war, gnadenvoll weggetan und ans Kreuz geheftet und den übervoll gezählten Schuldbrief mit dem Goldgulden Seines heiligen Leidens und Sterbens vollkommen bezahlt und ausgetilgt hat! Wer kann es Ihm jetzt wehren, daß Er alles um sich vergißt und allein die Hand ergreift, die sich erbarmend in Seine todmatte Rechte legt: die Hand Seines Vaters!

»Vater!« Wenn der verlorene Sohn (Luk. 15), nachdem Er jahrelang in der Fremde Mitleid erwartet und vergeblich gesucht hat, endlich, endlich wieder das Vaterhaus erblickt und in der Ferne des Vaters Auge Ihn suchen sieht, dann werden die Meilen zu Minuten und die Fernen verkürzen sich zu Augenblicken, und was noch scheiden wollte, ist weggeräumt. »Vater, mein Vater.« Und als Ihn der Vater sah, jammerte es Ihn. Er lief Ihm entgegen und sprach: »Freuet euch mit mir; denn dieser mein Sohn war tot und ist wieder lebendig geworden; er war verloren und ist wieder gefunden worden!« Vater! Mein Vater! – ein Sorgenwort!

Ach, mein Vater, wie ich mich nach dir sehne! Wie mich nach deinem Wort verlangt! Wenn es dort in dem Nachtpsalm heißt: »Meine Seele wartet auf den Herrn von einer Morgenwache bis zur andern!«, so wartet jetzt der Sohn an der verschlossenen – nein, weit aufgetanen Türe des Vaterhauses, daß der Vater Ihm entgegengehe. Und alle Engel rüsten sich, Ihn zu begleiten, und alle Himmel öffnen sich, Ihn aufzunehmen, und alles Trennungsweh ist weit überwunden. Die Sorge ist in Freude verwandelt: »Vater, in deine Hände!«

Alle anderen Hände haben Ihn betrogen. Die einen haben Ihn geschmäht, gegeißelt, gekreuzigt; die andern haben Ihm gehuldigt, und als es zum Sterben ging, waren sie hilflos herabgesunken. Darum: »Vater, in deine Hände!«

Das sind die Hände, aus denen der Sohn den Leidenskelch ohne Zaudern nahm: »Ist's möglich, so gehe dieser Kelch von mir; doch nicht mein, sondern dein Wille geschehe!« Das sind die Hände, die den Sohn geschlagen haben bis auf den Tod, und doch pulsierte in ihnen das Leben der Treue und der Gütigkeit väterlicher Gnade. »In deine Hände, die mich geschlagen haben.«

In diese züchtigenden Hände, die es treu meinen, in diese gewissenhaften Hände, die nichts von dem Anvertrauten verlieren, will der Sohn in dieser Scheidestunde flüchten. Alles, was Er erarbeitete, jedes Gebet für dich und mich, jede wunderbare Tat, den Glauben zu stärken, den Zweifel zu überführen, den Unglauben in seiner Ohnmacht darzustellen, legt Er in die bergenden Hände des Vaters. Jeden Friedensgruß, der die wirkliche Friedenskraft verleiht, alles, alles, was der Sohn in heißer Pilgerschaft gesorgt, geredet, getan, verbürgt, uns zugeschworen, all die Kleinodien der Treue, all die Errungenschaften heißer Arbeit – in deine Hände! Seht, das ist der Sorgengeist des Herrn Jesu, daß Er nichts von dem verliere, was Ihm Gott geschenkt hat.

Und wenn einer sein Testament macht und das Testament in die Hände seines besten Freundes gibt, daß dieser die letztwillige Verfügung vollzieht und über den Vollzug sorglich und ängstlich wache, so empfiehlt jetzt der Herr Jesus alles Seinem Vater in die Hände: »Vater – von mir weg, der ich jetzt vom Leben lassen und meinen Geist zum Scheiden rüsten muß, befehle ich diesen Geist in deine Hände.« Seht, das ist ein Sorgenwort. Jesu Heimweh ist auch Gehorsam, und Sein letztes Wort ist wie ein Beweis, daß Er auch die Seligkeit nicht ohne des Vaters treue Behütung haben will. Er könnte sich die Seligkeit selbst geben, Er, der da heilig, unschuldig, von den Sündern abgesondert und höher als der Himmel ist. Er hat an sich volles Genüge; Er könnte in sich vollen Frieden haben. Aber die Zartheit der Liebe und die Treue des Gehorsams heißen Ihn sorglich beten: »Vater, in deine Hände befehle ich meinen Geist! – Du willst und wirst ihn wohl bewahren.« In dieser Stunde macht unser Herr Sein heiliges Testament, gedenkt Seines Werkes und Seines Weges, daß der in Frieden ende und jenes im Frieden vollendet werde. Alles, was Ihn noch anficht, was Ihn im Hinblick auf die Unfertigkeit der Erde, in die Er erst das neue Leben eingestiftet hat, bewegt, befiehlt Er Seinem Vater zu treuen Händen.

»Und als er das gesagt hatte, verschied er.«

Seht, wenn das Sorgenwort Jesu Christi recht für dich und mich gedeutet werden soll, dann möchte ich sagen: Der betende Herr. Vorher der siegende, und jetzt der betende Herr. Deshalb sollen wir das Gebet hochhalten in dieser Zeit, wo alles andere zerbricht. Wir haben keine Hilfe außer beim Herrn. Und diese Hilfe wird uns nie zuteil, wenn wir sie nicht erflehen. Wir haben keine Aussicht, außer auf die Berge Seiner Hilfe, und diese Aussicht wird nur dem Auge erschlossen, das sich zu diesen Bergen erhebt. Wir haben keine Rettung mehr für unsere Kirche und für unser Volk, für unser Amt und unser Wort, wenn wir nicht betend zu Ihm sprechen: »Vater, in deine Hände befehle ich Beruf, Angst, Sorge, Not, meine Kirche, die Gemeinde, die dein Sohn teuer erkauft hat! In deine Hände befehlen wir sie wider den Irrgeist und wider die Verführung und die große Not, die sie jetzt durchzieht, wider die Not, die wir selbst ihr bereitet haben durch Mangel an Seelsorge und durch offenbare und heimliche Untreue, durch weltförmigen Wandel, durch Untreue im Kampf gegen uns selbst. In deine Hände befehlen wir alles!«

Gemeinde Jesu! Bete mit uns! Bete für uns! Das ist besser als Bündnisse gründen, die, wenn sie es vielleicht auch gut meinen, sich schließlich vor der höchsten Herrlichkeit zurückziehen, welche dem einsamen Beter jedoch gewiß ist. Daß wir das Gebet doch wieder höher achten möchten! Allmählich kommt es über dich und mich wie eine Lässigkeit: Es kommt ja doch und geht alles seinen Gang, wie es eben will. Und das sagst du, dem sein Gott erlaubt, mit kühner Hand in das Geräder der Weltenuhr einzugreifen. Das sagen wir, denn Gott gebietet, in das feinste Geräder

Seiner Führung mit ernstlichem Gebet Einblick zu tun. Ein Siegeswort. Ein Sorgenwort.

3. *Ein Segenswort*

»Als er das gesagt hatte, verschied er.«

Sooft meine Seele Karfreitag gefeiert hat, ist sie, wenn es drei Uhr von den Türmen schlug, friedsam und still geworden: »Gott sei Dank, der Ihm den Sieg gegeben hat!« Nun hat überwunden der Löwe aus dem Stamme Juda. Es ist um die dritte Stunde am Karfreitag wie ein großer, seliger Friede:

»Nun ist der schwere Kampf vollendet,
nun ist das bittre Leid gewendet,
nun geht er ein zu seiner Ruh!«

Und mit einer wunderbaren Dankbarkeit, mit einer Dankbarkeit, wie sie sonst erst erweckt werden muß, hier aber wie auf freiem Felde aufblüht, freut man sich, daß der todmüde Herr zur Ruhe kam. Es ist geschehen, was befohlen wurde. Die Ruhe des Gottesvolkes umfängt den treuen Knecht, und der da Glauben gehalten hat, wird gekrönt.

»Als Er das gesagt hatte«, da entschwand Ihm die Erde, als wäre sie nicht mehr; da konnte Ihn der Jünger nicht mehr halten, nicht die Mutter, die Ihn geboren hatte; nichts konnte Ihn mehr der Erde zuführen. Das lag jetzt alles hinter Ihm und unter Ihm, war überwunden, durchlitten, durchkämpft; nun war Friede geworden und große Ruhe. Und die Gemeinde umringt nun einmütig und mit einem Lobpreis das Kreuz, an dem der herrlichste Sieg und die süßeste Ruhe erlebt und erlitten wurden, und sie hebt in heißer Dankbarkeit an zu preisen: »Ich danke dir von Herzen, o Jesu, liebster Freund!«

Und Er verscheidet unter dem Lobgesang Seines Volkes.

Nun ist Er längst daheim! Und wenn in diesen Tagen

Seine arme Gemeinde wieder Seines Kreuzes anbetend gedenkt, Er sich ihrer Anbetung freut und ihre Feste und Gottesdienste freundlich geleitet, so gedenkt Er doch all des Leidens nicht mehr um der Freude willen: »Ich bin daheim, sitzend zur Rechten Gottes, des allmächtigen Vaters.« Und nur ein banges Wort klingt aus Seiner Freude, ein Wort der Teilnahme, das das Bekenntnis der Kirche in den Satz gefaßt hat: »Von dannen er kommen wird, zu richten die Lebendigen und die Toten«, und das das Gebet der Kirche in das heiße Flehen gekleidet hat: »Ja, komm, Herr Jesu! Komm bald!« (Offb. 21)

Der da überwunden hat und zur Ruhe gelangt ist, segnet im Sterben unser Sterben. Er hat uns gezeigt, wie Er für uns gestorben ist: daß keine Gewalt der Hölle uns auf Erden halten und unter die Erde bringen kann. Er hat uns verheißen, daß alle Schatten und Schemen und alle Gespenster des Abgrundes und alle furchtbaren Gewalten uns nichts anhaben können: »Weichet, hier ist Immanuel! Schweiget, Ich habe für diesen Menschen gelitten, und ihr habt kein Teil mehr an ihm!«

Er ist aber auch vor uns gestorben und hat uns gezeigt, wie wir sterben sollen: Sterben als Sieger. Es kommt ja schließlich alles auf das eine an, daß unser Ende Ihn preise und das letzte Wort und der letzte Gedanke Ihm gehöre. Dadurch bewährt und dadurch erweist sich ein Christenleben, ob es gut enden kann. Die wir täglich bitten: »Mein Gott, ich bitt durch Christi Blut: Mach's nur mit meinem Ende gut!« sollen es wissen, daß vorahnend, vorsorgend Er unserer letzten Stunde gedacht hat. Es soll alles zum Frieden kommen, die Sünden schweigen, die Halbheit aufhören, die Minuten ausreifen, was Jahre und Jahrzehnte versäumten und nicht brachten. Noch dies Jahr soll der Baum im Garten Gottes stehen, daß ihn der Tau der Gnade und die Fürbitte des Gärtners fruchtbar mache, segne, heile und heilige. Noch diese Passionszeit sollten wir erleben, daß, wenn es die letzte wäre, wir mit Freuden von hinnen zögen.

Ach mein Christ – wo blieben wir in unserer letzten Stunde, wenn es ganz einsam um uns wird, alle uns verlassen, das Gehör versagt, die Stimme verfällt, das Auge dunkel wird? Wo blieben wir in dieser Stunde, die ein Leben zugleich vernichten und verklären will, wenn Er nicht bei uns stünde, der barmherzige Hohepriester? »Fürchte dich nicht; ich bin bei dir! Weiche nicht; ich bin dein Gott! Ich stärke dich! Ich helfe dir auch!«

Betet in dieser Woche, daß das Kreuz und das Wort vom Kreuz unter euch noch gelten darf! Kommt mit all euren kleinen Sorgen, mit all euren armen Nöten, mit der ganzen Ärmlichkeit und Erbarmungswürdigkeit eures Lebens zum Fuß des Kreuzes und fleht das eine: »Laß dein Leiden an mir nicht verloren und dein Sterben mir zum Segen sein!«

Er hat es uns gelobt, daß Er bei uns sein wolle bis an das Ende. Er hat es uns heilig versprochen: »Vater, ich will, daß wo ich bin, auch die bei mir seien, die du mir gegeben hast!« (Joh. 17,24) Er hat es uns zugesagt: »Wenn ich erhöhet bin von der Erde, will ich euch alle nach mir ziehen« (Joh. 12,32).

Sollen wir Ihm zu all dem Weh, das wir Ihm schon zugefügt haben, auch noch das letzte und schwerste fügen, daß Er sagen müßte: »Vater, in dieses Leben habe ich meine Verheißungen eingestreut und meine Sorge ihm zugewendet – und nun ist alles Unkraut geworden. Das hat der Feind getan!«

Sollten wir Ihm das als Dank für Seine Mühe geben? Das sei ferne! Sondern das soll Er bei uns finden, wenn's uns am allerbängsten um das Herze ist, daß Er nicht vergeblich an uns gearbeitet hat. Wenn alle Täuschungen schwinden und der Selbstbetrug in seiner Armseligkeit versinkt, dann soll aus der Tiefe eines zu Ende gehenden

Lebens ein Bild erwachsen, das Er als das Seine erkennt, und ein Bekenntnis aufsteigen, das Er als zu Ihm gerichtet vernehme. »Ich will dann schauen dein Antlitz in Gerechtigkeit. Ich will satt werden, wenn ich erwache, an deinem Bilde!« (Ps. 17,15) Amen

Heinrich Kemner

Das Zeugnis der Bibel nach Bezzel

Wenn wir versuchen, diesen König unter den Theologen in seinen entscheidenden Aussagen hörbar zu machen, kann das nur in der Begrenzung geschehen, die eben darin liegt: Wenn Könige bauen, haben die Kärrner zu tun.

Zwischen Anfang und Ausgang der Weltgeschichte steht für Bezzel *ein* Kreuz. In ihm ist die Sünde in ihrem Grundschaden gerichtet und überwunden. Das Kreuz ist der Maßstab für Gott und Mensch zugleich: Es ist Durchbruch der Ewigkeit in die Zeit, weil der ewige Gott ja allgegenwärtig mit dem Menschen handelt. Ereignishaft wird dieses Handeln Gottes dadurch für den Menschen, daß hier nach Bezzel letztlich die Vertrauensfrage von dem Gott Abrahams, Isaaks und Jakobs so gestellt ist, daß sie unausweichlich Wahlentscheidung zwischen Himmel und Hölle wird. Die Wahlentscheidung deutet Bezzel so, daß der Mensch hier in seiner gelebten Lüge von Gott gefragt ist, ob er in Selbsterfassung oder Ewigkeitserfassung enden will.

Selbsterfassung ist nach Bezzel die Gefahr von Raum und Zeit, die, wenn man sie absolut setzt, in einer sog. Mündigkeit des Menschen endet, in der der Mensch seine Wüste in einer Luftspiegelung zu deuten versucht, die in einer Utopie der Verzweiflung endet.

Soweit ich Bezzel verstehe, möchte ich glauben, daß er in der Radikalität seiner Wahrheit, in seiner gelebten Existenz und in seiner mitgegebenen Ausrichtung dort einsetzt, wo sich Nietzsche und Kierkegaard begegnen. Nietzsche endete im Wahnsinn, Kierkegaard fand nach harter Rebellion die Gnade, und Bezzel wäre nach meiner Meinung in Schwermut geendet, wenn er sich nicht in seinem

Zerbruch unter dem Kreuz Christi als begnadeter Sünder gewußt und begriffen hätte. Er ist deshalb in seiner Person für unsere Verkündigung eine Markierung, die uns jeden Tag anschaulicher wird. Weil er selber in Stunden, in denen er der Anfechtung auf den Grund gesehen hatte, für die Krankheit zum Tode keinen anderen Trost kannte als die Gottverlassenheit seines Herrn und den Siegesruf: »Es ist vollbracht«, war seine Theologie Theologie des Kreuzes. In seinen bedeutendsten Vorträgen »Die Heiligkeit Gottes« und »Theologie des Kreuzes und Theologie der Ehren« hat er in einer unnachahmlichen Tiefe das Wirklichkeitsverständnis, das sich in Kreuz und Auferstehung Jesu Christi begreift, absolut gesetzt.

Verkündigung wird hier das Wagnis, alle dialektischen Wahrheiten von dieser Wirklichkeitsmitte in ihrer Sinngebung und Sinnerfüllung abhängig zu wissen. Bezzel kann deshalb von jeder wissenschaftlichen Erkenntnis sagen, die sich absolut setzt: »Alles ist Lüge und Täuschung – außer Jesus.« Bezzel meint damit nicht einen Jesus, der in formgeschichtlicher Methode erfaßt werden kann. Jesus kann für Bezzel nur in seiner Gottverlassenheit verstanden werden. Hier ist der Glaube nicht widervernünftig, sondern übervernünftig. Den gottverlassenen Christus kann ich nur als erlösenden erfahren, wenn ich bereit bin, das Geheimnis meiner eigenen Sünde und Schuld preiszugeben. Gott fängt seine Ewigkeitsgeschichte, sagt Bezzel, überhaupt nicht an oder an dem schwächsten Punkt in unserem Leben. Nur wenn ich das Geheimnis meiner Sünde und Schuld preisgebe, darf ich gewiß sein, daß ich begnadet bin.

Soweit die Tradition als Jüngerschaft aus zweiter Hand bewahrende Kraft hat, hat Bezzel sie gewertet. Er hat aber darum gewußt, daß die kommende Stunde der Versuchung alle traditionellen Bindungen in Frage stellen wird. Man findet bei ihm Worte, die für einen Kirchenführer geradezu erstaunlich sind. Er kann sagen: »Lieber in der Heilsarmee nach Hause kommen, denn als korrekter Lutheraner verlorengehen!« Wie nüchtern ist seine Erkenntnis, daß die, die mit guten Gründen zu der traditionellen Kirche nein sagen, wahrscheinlich dem Evangelium näher stehen als die, welche in einer billigen Rechtgläubigkeit die Kirchenbänke durchscheuern. Er hat vorausgewußt, daß die Stunde, in der die traditionelle Kirche zu Ende gehe, diese sich dadurch zu retten versuche, daß sie den Auferstandenen mit Totenglocken beerdige – diese Kirche, die sich so dem Zeitgeist anpasse, welche, so Bezzel, zum Dank dafür, daß sie den Zeitgeist anbete, von diesem selber aufgefressen werde. Um die Frage, was Verkündigung bei Bezzel bedeutet, recht zu beantworten, wollen wir versuchen, drei Fragen aufzuwerfen:

1. Wer ist Gott?
2. Was ist der Mensch?
3. Wie muß die Botschaft der Erlösung ausgerichtet werden?

1. Wer ist Gott?

Gott ist für Bezzel nicht die Objektivierung unserer Wunschträume (Feuerbach). Gott ist auch nicht der Kuß der Unendlichkeit, der in einer Frage des natürlichen Lebensgefühls allgemein religiös Antwort sucht (Schleiermacher). Gott ist für Bezzel der Einbruch des Heiligen, des ganz anderen in die Kategorie von Raum und Zeit. Insofern der Mensch sich in der Sinnfrage seines Lebens, in seinem Woher und Wohin – oder, wie man es heute ausdrückt, in seinem Umgetriebensein – in der Rätselfrage seines Menschseins zu verstehen sucht und es doch nicht kann, fragt er letztlich nach Gott. Auf diese religiöse Frage hat Gott die Antwort in Jesus Christus gegeben. Er hat sie gegeben auf die Frage, die auch Camus als die letzte des

Menschentums deutet: Mein Gott, warum hast du mich verlassen? Am Ende dieser Frage steht die Antwort Gottes in Jesus Christus. Der heilige Gott deutet sich uns im Kreuz Jesu Christi als Retter und Richter zugleich. Gott ist hier nach Bezzel für das Denken die unmögliche Möglichkeit. Er ist so heilig, daß er Jesus Christus zur Sünde für die Welt werden läßt. Er ist so die absolute Liebe, daß er um Jesu Willen dem verlorenen Sünder gnädig ist, wenn er die Vertrauensfrage Gottes mit der Preisgabe des personhaften Geheimnisses seiner Sünde beantwortet. Die Heiligkeit Gottes postuliert sich im Kreuz. Wenn man sich hier in Gott irrt, ist dies unter allen Irrtümern der gefährlichste. Verrat an Gott ist deshalb nach Bezzel Gottes Umfälschung mit Hilfe religionsgeschichtlicher Methoden in das eigene Denkvermögen. Religionsgeschichtliche Parallelen können allenfalls das Problem erhellen, aber keinesfalls erklären (Jungfrauengeburt). Gott entzieht sich jedem verstandesmäßigen Zugriff des Menschen als der verborgene, der, wie Jesaja sagt, im Dunkel wohnt oder, was dasselbe meint, in einem Lichte, da niemand zukommen kann. Dieser Gott bricht nach Bezzel in Jesus Christus in meine Lebensfrage ein. Nachdem Gott manchmal und in mancherlei Weise gerufen hat, hat er zum Letzten gerufen in Seinem Sohn. Zorn und Liebe sind im Kreuz Christi eines Lichtes Flamme. Das Kreuz ist deshalb nach Bezzel einmaliger und dauernder Ruf zur Entscheidung.

2. *Wie sieht Gott den Menschen?*

Durch den Sündenfall ist der Mensch in die Kategorie von Raum und Zeit gekommen. War er vorher »reichsunmittelbar« und lebte erfüllte Zeit als Ewigkeit, so wußte er nun, was gut und böse war. Er wußte es: Existentiell befand er sich in der Todeslinie, gebunden und verhaftet in der Schuldlinie. In sein Gewissen war dem Menschen der Kategorische Imperativ eingestiftet, von Gott deklariert in dem Gesetz. Die absolute Forderung »Ihr sollt heilig sein, wie ich heilig bin«, die sich in jeder Gewissensregung kundgibt, kann nur überspielt werden von gelebter Lüge. Eine Predigt, die die Sünde namenlos macht, ist deshalb Verrat und ohne Vollmacht. Die Sünde hat Namen, und wo wir sie nennen, sind wir im Ärgernis, und wo wir im Ärgernis sind, sind wir im Kreuz, und wo wir im Kreuz sind, sind wir in der Entscheidung. Wer den Sohn hat, hat das Leben, und wer den Sohn nicht hat, wird das Leben nicht sehen. Schuld ist letztlich nach Bezzel eigenmächtig gelebte Zeit; ist der Versuch, die Zeit zur Ewigkeit zu erheben, während sie nur eine Kategorie der Ewigkeit ist. Beide kehren entweder entweiht oder geweiht am Jüngsten Tage zur Ewigkeit zurück. Hier liegt die Wahlgrenze zwischen Erfolg oder Frucht. Unter Gesetz versteht Bezzel letztlich, dem Raum und der Zeit verhaftet sein. Diese Verhaftung ist Existenz in der Schuld- und Todeslinie. Ihre Überwindung ist der wahre Fortschritt. Alles andere ist Selbsttäuschung. Es gibt kaum eine Predigt, in der Bezzel nicht mit einer fast schwermütigen Veranlagung die Totenglocken hört. Das war so ausgeprägt bei ihm, daß er einem eitlen Oberkirchenrat sagen konnte, als der ihn zum neuen Jahr beglückwünschte, ». . . und ich wünsche Ihnen den Tod, aber einen seligen!« Aus der Zeit, als er noch Diakonissenvater in Neuendettelsau war, wird berichtet, daß er mit Schwestern, die sich um irgendwelche Kleinigkeiten stritten, zum Friedhof ging und, ohne ein Wort zu sagen, ihnen die Taschen voll Friedhofserde steckte. Diese Seelsorge kam immer an. »Predige als ein Sterbender zu Sterbenden«, ermahnte er, »aber bezeuge im Tode und in der Auferstehung Jesu Christi das ewige Leben!« Sein Neffe, der Oberkirchenrat Bezzel, erzählte mir, daß sein Onkel, als dieser sich trotz seines phänomenalen Gedächtnisses einmal irrte, zu ihm gesagt habe: »Ich höre Friedhofssand rieseln.« Für die Verkündigung ist das Wissen um die Existenz in der Todeslinie die absolute Voraussetzung, die in die Demut stellt, die in die getroste Verzweiflung führt, die unter dem Kreuz steht.

Eine weitere Voraussetzung für das Zeugnis des Evangeliums ist für Bezzel die Existenz in der letzten Heimatlosigkeit. Kein Wunder, daß ihn die Wüstenbilder der Propheten besonders ansprechen. Hier sind die Dämonen behaust; hier wohnt die Versuchung. Diese bildhaften Deutungen liegen der Wirklichkeit näher als die Versuche einer Entmythologisierung. Der Unglaube ist für Bezzel die Reduzierung des Menschen auf sich selbst, das Leben im falschen Bezug, in der gelebten Lüge, im willentlichen heimlichen Ja zum Feind, zum Mörder von Anfang. In diesem Alleinsein des Menschen, in seiner gelebten Wüste entscheiden sich Himmel und Hölle. Wenn alle Massenmedien versagen, wenn nirgendwo mehr Stimme noch Antwort ist, dann redet das Kreuz Jesu Christi. Gott ist immer unsere Antwort im Ende. Die Sünde macht heimatlos. Ich wüßte keinen Theologen, der so die Tragik letzter Heimatlosigkeit durchstanden und durchlitten hat wie Bezzel. Das Evangelium ruft Bankrotteure, die Gestrandeten, Jesus ist für die Beats und Gammler da. Wenn diese Grenzsituation in die Krisis führt, die Jesus meint – »Wer aus der Wahrheit ist, der hört meine Stimme« –, oder die Paulus mit der Frage umschreibt: »Wer wird mich erlösen von dem Leib dieses Todes?«, läuten nach Bezzel die Glocken der Heimat.

War Bezzel selber durch den Zerbruch gegangen, so fordert er auch durch die Verkündigung die klare Predigt der Bekehrung. Er sagt: »Wenn die Taufe in einem Christenleben nicht zur Bekehrung führt, wird sie zum Fluch«; oder: »Alle, die von einer Bekehrung nach dem Tode träumen, sind solche Leute, die die Gelegenheiten Gottes verludert haben.« Wer das Menschenbild so sieht, wie Gott uns im

Kreuz Christi erschaut hat, für den ist Evangelisation die positive Unruhe der Kirche. Die missionarische Bewegung ist die Krisis der Kirche in ihrer letzten Phase. Nur die missionarische Kirche hat Verheißung und rettet dadurch auch sich selber, daß sie im anderen Christus sucht.

Hier erreicht die evangelistische Verkündigung ihre größte Schärfe. Bezzel kennt ein Heute, das der Kirche das totale Opfer abfordert. Dieses Heute begreift Bezzel als die Summe der Heilswirklichkeiten, die in Christus in der enteilenden Stunde als gegenwärtige Heilswirklichkeit ergriffen werden können. Christus ist Indikativ und Imperativ zugleich. Wo eine Verkündigung das nicht mehr ist, hat sie ihren Lohn dahin.

Von hier aus gesehen gilt das paulinische Wort, daß nur Christus verkündigt werde. Ein Imperativ im Eigenen hebt die evangelistische Verkündigung auf. »Ich wüßte nicht, daß ich unter euch etwas zu sagen hätte als Christus, den Gekreuzigten«, sagt Paulus. Die Gnade ist unerschöpflich in der Vergebungskraft, aber sie hat ihre Zeit. Im Neuen Testament wird die Zeit als Chronos und als Kairos ausgedrückt. Es ist wichtig, daß man das richtig sieht: Chronos ist die natürliche Sehnsuchtshoffnung, ist das Erfolgsdenken, ist die lineare Dimension der Zeit; Kairos ist das, was die Propheten den Tag Jahwes nannten. Kairologisch lebe ich, wenn ich in meinem Lebensbezug, in meinem Woher und Wohin vom Ziel her lebe. Die ewigkeitliche Erfüllung meines Lebens in Christus ist der Kairos Gottes. In dieser Schau waren die Propheten froh, daß sie den Tag Jahwes sahen. So begriffen sie den Ruf »Hüter, ist die Nacht schier hin?« In dieser Spannung traf den Augustinus nach einer durchhurten und durchzechten Nacht das Wort der Adventsepistel: »Die Nacht ist vergangen, der Tag aber im Anbruch. – Darum lasset uns ablegen die Werke der Finsternis.« Dies Wort traf Augustinus wie Blitz und Donnerschlag. Es wurde die schöpferische Wende seines Lebens.

Wie kommt es zu dieser schöpferischen Wende? Sie kommt nach Bezzel in einer doppelten Bewegung – mit dem Gleichnis aller Gleichnisse gesprochen: als die Bewegung des Vaters zum Sohn und gleichzeitig als die Bewegung des Sohnes zum Vater. Bezzel lehnt hier jede Verkündigung ab, die in falscher Weise systematisiert. Im scheinbaren Widerspruch liegt hier die Wirklichkeit. »Schaffet, daß ihr selig werdet, mit Furcht und Zittern, denn Gott ist's, der in euch wirket beides, das Wollen und Vollbringen.« Für die Rechtfertigung des Sünders bedeutet das, daß man sie nicht erklären kann im nur forensischen oder deklaratorischen Sinne. Rechtfertigung ist bei Bezzel kein rein juristischer Begriff, sondern bedeutet wie bei Luther Existenzvertauschung. Er wurde meine Sünde, auf daß ich würde die Gerechtigkeit, die vor Gott gilt. Sie kann nur verstanden werden in aktu der Preisgabe des eigenen Sündengeheimnisses. Bezzel sagt: »Entweder habe ich ein Geheimnis mit der Sünde und gehe verloren, oder ich habe ein Geheimnis mit Christus und werde gerettet.«

Bekehrung ist bei ihm einmaliger und dauernder Durchbruch durch das Gesetz des Menschentums. Nur wenn ich das Unglaubliche glaube und glauben kann, daß Gott mich um Jesu Gottverlassenheit willen als Sein Kind annimmt, habe ich den Glauben, der mir um Jesu willen zur Gerechtigkeit gerechnet wird. In Seiner Gottverlassenheit wurden alle Heilsmöglichkeiten Heilswirklichkeit. Die Sekunde wird hier ewigkeitsgeladen. Das »Heute« ist in der Gottverlassenheit Christi als erfüllte Stunde zu ergreifen. Das gilt sowohl für die Todeslinie, die hier – zeitlich, geistlich und ewig – durchbrochen ist: »Ich bin die Auferstehung und das Leben«, als auch für die Schuldlinie. Denn nach Bezzel bedeutet das weiße Kleid des Evangeliums die Existenz ohne Vergangenheit.

Erweckliche Verkündigung heißt also im Sinne des Kreuzes und der Auferstehung Christi: Durchbruch vom

Chronos zum Kairos. Ganz einfach gesprochen: »Wer Jesus am Kreuz im Glauben erblickt, wird heil zu derselbigen Stund.« Das Geheimnis des Kreuzes Jesu Christi liegt also darin, daß hier die Ewigsetzung des Geschichtlichen erfolgt und gleichzeitig die Geschichtssetzung des Ewigen. In diesem Heute hat das Christentum seine Wirklichkeitsspannung. In diesem Heute liegt jene Gleichzeitigkeit, die jedes Geschlecht als seine Wirklichkeit im geschichtlichen Heute ergreifen kann. In Christus liegt die ganze Ewigkeit, im Augenblick. »Des Erdentages Neuigkeit ist der Ewigkeit Anfang« (Kierkegaard). Die Ewigsetzung des Geschichtlichen ist nun in der Verkündigung nicht möglich ohne das Ärgernis. »Wir danken ihm dafür, daß ein einziger Blick auf dieses Kreuz, ein einziger Ruf: 'Herr, hilf mir!' und eine einzige Bewegung zu Ihm hin: 'Siehst Du nicht, wie ich leide?' Ihn herbeiruft: 'Sei getrost, deine Sünde gleitet ab, deine Fesseln werden abgestreift, Ich mache dich frei.' Das arme Gemach, der einsame Weg, das finstere Tal wird in einer Minute mit einer überschwenglichen Herrlichkeit erfüllt, mit dem Morgenglanz der Ewigkeit angetan, mit der Persönlichkeit des vollendeten Christus bereichert sein« (Bezzel).

3. *Wie muß die Botschaft der Erlösung ausgerichtet sein?*

Wenn ich persönlich bei Bezzel irgend etwas gelernt habe, dann die Voraussetzung, die jede vollmächtige Verkündigung haben muß: Wer nicht Erfolg, sondern Frucht sucht, ist behaust im Tode Christi. Er betet um der Frucht willen: »Herr, gib, daß ich Deinem Tode ähnlicher werde!« Denn auch unser Menschenwort wird nur dadurch Gotteswort, d.h. schöpferisches Wort, daß nicht wir, sondern der Herr durch uns zum Zuge kommt. Nicht die Widerstände von außen, nicht die dämonischen Wände sind der gefährlichste Widerstand; die eigentliche Gefahr liegt immer in uns selber. Sie besteht darin, daß wir ausweichen vor dem dauernden eigenen Zerbruch. Sie liegt darin, daß wir immer wieder in das Denken kommen: fromm, frömmer, am frömmsten, und daß unsere Verkündigung fromme Routine werden kann.

Verkündigung, die nicht die Einsamkeit kennt, wird nie die Gemeinsamkeit mit Christus überzeugend bezeugen können. Eine gewisse Evangelisation ist an der Routine gescheitert. Die schuldnerhafte Verantwortung dagegen treibt jeden Verkündiger in die Buße. Obwohl die Gnade unbegrenzt ist in ihrer Vergebungskraft, kann er dadurch schuldig werden, daß er, wenn der andere sich entscheiden will, ihm durch sein unbußfertiges Wesen im Wege steht. Ist bei Luther die Heiligung Rechtfertigung in aktu, so ist sie bei Bezzel zu der Welt hingewandt dauerndes, willentliches Zeugnis. Bezzel ist hier in seiner Anschauung eindeutig Pietist. Er wittert auch hinter den Mitteldingen anspruchsvolle Dämonen, die Freudigkeit und Vollmacht rauben können. Nur wer die Tiefen der Angst vor sich selber kennt, kann in Vollmacht das ewige Leben bezeugen. Dieses Zeugnis liegt nicht nur im Wort, sondern wird anschaulich durch die Wandlung der Person (als Maske) zur Persönlichkeit. Persönlichkeit ist bei Bezzel gewandelte Existenz in der Gnade. Das Geheimnis aller Verkündigung wird deshalb nur überzeugend in Persönlichkeiten. Erkennungszeichen ist für Bezzel die gelebte Demut und die Heiligung im eschatologischen Sein.

Der Ernst seiner Heiligungsauffassung geht etwa daraus hervor, daß er einmal, als er sich in eine Diakonisse verliebte und diese ihm zur Gefahr wurde, sie nach hartem inneren Kampf nach Indien schickte. Sie wurde dort eine segensvolle Persönlichkeit. Wie ganz anders versteht man nun Bezzels Wort: »Die Liebe hat ihre überzeugendste Kraft im Opfer und Entsagen.«

Ein Mann, der mit Bezzel lebte, sagte mir: »In der Nähe dieses Mannes wandelte sich alles, auch die gelehrtesten Vokabeln, die, auch wenn man sie nicht verstand, ergriffen und erfrischten. Bei ihm war alles dogmatisch undogmatisch. Das Geheimnis der Persönlichkeit war bei ihm die Wirklichkeit Christi.«

Neulich besuchte ein hoher Beamter unser Glaubenswerk und sagte am Schluß zu mir: »Herr Pastor, wenn ich Sie recht verstehe, wollen Sie die Menschen bekehren, ohne daß sie es merken.« Ich gab die Antwort: »Ja, nicht zu einer unnatürlichen Heiligkeit, sondern zu einer geheiligten Natürlichkeit.«

Das ist das Geheimnis der vollmächtigen Verkündigung, wie es mir in Bezzel anschaulich wird: daß man von ihm nicht als Objekt der Seelsorge gesucht wird, sondern daß man sich bei ihm von Christus gesucht weiß. Die Gottessohnschaft Christi wird immer nur von Sündern bezeugt, die es anschaulich machen: »Herr, laß mich durch meine Erscheinung Dein Herold und Apostel sein. Die Mission geht an ihren eigenen Missionaren zugrunde, die Kirche nicht an den Widerständen der Welt, sondern an ihren eigenen Verkündigern« (Bezzel).

Bücher von Heinrich Kemner

Da kann ich nur staunen

Lebenslauf

288 Seiten, ABCteam-Paperback, Bestell-Nr. 12302

Heinrich Kemner, der Gründer des Geistlichen Rüstzentrums Krelingen, ist Ravensburger Bauernsohn. Als Inspektor eines pommerschen Rittergutes besinnt er sich eines Gelübdes und wechselt von der Landwirtschaft zur Theologie. Nach Studien- und Vikariatsjahren wird er Pfarrer in Ahlden. Hier baut er im Kampf gegen ein glaubensloses Namenschristentum und unter den Augen der Deutschen Christen während der NS-Zeit kleine Bibel- und Gebetsgruppen auf, aus denen sich die großen Ahldener – heute Krelinger – Jugentage und die Ahldener Pfarrerbruderschaft entwickeln. Nach dem Kriege führt ihn eine intensive evangelistische Tätigkeit weit über die deutschen Grenzen hinaus. Es kommt zur Gründung des Geistlichen Rüstzentrums Krelingen. – Diese Autobiographie schaut mit den Erfahrungen von heute auf das Werden von gestern zurück.
Aufstehen, Trauer und Heiterkeit, Ruhen und Weitergehen. Ein kritisches Urteil, besonders auch der eigenen Person gegenüber, der Blick auf die erst im Nachhinein feststellbaren feinen Kurskorrekturen, die er dankbar als Führung beschreibt, und die Auseinandersetzungen des Erweckungspredigers mit der Theologie seiner Zeit machen dieses Buch zu einer wegweisenden Information.

Ratschläge für Seelsorger

160 Seiten, ABCteam-Paperback, Bestell-Nr. 12351

Aus dem Inhalt: Das Verständnis der Seelsorge – Was ist Sünde? – Chronos oder Kairos – Wer ist Seelsorger? – Das Menschenbild der Seelsorge – Wie hat Jesus den Menschen gesehen? – Seelsorge im sakramentalen Handeln und bei Kasualien – Die Taufseelsorge – Das Abendmahl – Die kirchliche Trauung – Die Konfirmation – Der seelsorgerliche Besuch – Besuche bei Sterbenden – Die Beerdigung – Das Priestertum der Gläubigen – Die geistlichen Ordensburgen – Die hoffende Kirche – Variationen der Seelsorge – Tag und Nacht bereit – Gesetz und Evangelium in der Seelsorge – Wie war die Seelsorge Jesu? – Was evangelische Beichte ist – Beichtseelsorge – Ein paar Gedanken über die verborgene Beichte – Die Gelegenheitsbeichte – Die Lebensbeichte – Nothafte Seelsorge – Die Überlebensfrage

Manfred Seitz

Hermann Bezzel

Theologie, Darstellung, Form seiner Verkündigung

248 Seiten, TVG-Paperback, Bestell-Nr. 29328

Zu den bedeutendsten und eigenartigsten Gestalten der neueren Theologie gehört der 1917 verstorbene Präsident des Bayerischen Oberkonsistoriums Hermann Bezzel. Sein theologisches Denken, in dessen Mitte die Menschwerdung Christi steht, erweist sich bis heute von unverblaßter Kraft. Seine auf Hamann und Luther gegründete Darstellung der »Herunterlassung Gottes« fordert in zunehmendem Maße Gehör. Sie fügt sich als gewichtiges Wort in das theologische Gespräch unserer Zeit.
Das Buch enthält zunächst eine auf bisher unausgeschöpften Quellen beruhende Biographie, die den Prediger Bezzel als einen priesterlichen Menschen zeichnet. Darauf folgt eine umfassende Darstellung der Theologie des Wortes Gottes bei Bezzel. In ihrer Mitte steht eine Interpretation des Kondeszendenzgedankens und seiner theologiegeschichtlichen Linien von Luther über Johann Georg Hamann zu Bezzel. Den Schluß bildet ein Entwurf zu einer Homiletik aus Bezzels praktisch-theologischen Anschauungen.
Das ganze Werk will nicht nur als ein Beitrag zur theologischen Forschung, sondern auch als eine Brücke zum predigenden Pfarrer und als eine Hilfe zum geistlichen Amt verstanden sein.
Die 1. Auflage dieser Arbeit erschien 1960 in den »Forschungen zur Geschichte und Lehre des Protestantismus«.

Prof. Dr. theol. Manfred Seitz, geboren 1928, ist Ordinarius für Pastoraltheologie an der Friedrich-Alexander-Universität Erlangen.

R. BROCKHAUS VERLAG WUPPERTAL UND ZÜRICH